KB275583

한뼘텃밭이유식

한뼘텃밭 이유식

방영아 지음

도어북

이유식은 아기뿐만 아니라 엄마에게도 행복

오랫동안 요리연구가로 일해 왔고, 이런저런 요리책도 냈지만 막상 엄마가 되고 보니 이유식에 대한 걱정이 앞섰습니다. 어떻게 하면 건강한 음식을 만들어 즐겁게 먹일 수 있을지 이만저만 고민이 아니더군요. 데조로가 백일을 맞을 무렵, 저는 이유식 계획을 보다 구체화했습니다. 이유식은 5개월 이후에 시작하는 것이 보통이지만 저는 재료를 찾고 기르는 일부터 직접 해보기로 마음을 먹었거든요.

안타까운 얘기지만, 내 아기에게 먹여도 좋다고 마음 턱 놓을 만큼 깨끗하고 신선한 채소를 구하기란 여간 어려운 일이 아니잖아요? 텃밭 가꾸기는 그렇게 아파트 발코니에 큼직한 화분을 몇 개 들여놓는 것으로 시작되었습니다.

여러 가지 책을 찾아보고 인터넷 자료들을 검색한 저는 남편과 함께 화훼센터에 나가 흙과 채소 씨앗 몇 가지를 사가지고 왔답니다. 남편도 텃밭을 만들어보는 것은 처음이라 무척 신기해하더군요. 그렇게 두 사람이 반나절 동안 애를 쓴 결과 제법 그럴 듯한 텃밭이 만들어졌답니다. 흙을 부드럽게 만들고, 씨앗을 뿌리고, 물을 주는 동안 두 사람 모두 어린아이라도 된 것처럼 기대에 부풀고 설레었던 것 같아요.

그렇게 열흘 정도 시간이 지나자 작은 잎들이 고개를 내밀기 시작했습니다. 저렇게 어린 잎들이 잘 자랄까 걱정하는 사이 시간이 흘러 그날의 어린 잎들은 어느덧 시금치가 되고, 청경채가 되고, 열무가 되었습니다. 정말 신기하더군요. 돈으로 치면 얼마나 되겠습니까만, 내 손으로 직접 기른 것이고, 우리 아이에게 먹일 것이라고 생각하니 그렇게 귀할 수가 없었습니다.

재미가 붙은 저는 이번에는 모종들을 사다 심어보았습니다. 토마토나 고추, 상추 등은 씨앗보다는 모종을 심는 것이 더 편리하고, 쉽게 잘 키울 수 있거든요. 일단 채소가 자라기 시작하니 데조로 이유식만으로는 다 소화할 수가 없어 온 가족이 직접 기른

유기농 채소를 먹게 되었답니다. 신선한 채소를 먹는 즐거움 외에 집안에서 채소가 커 가는 것을 지켜보는 즐거움도 상상 이상으로 크더군요. 햇살이 따뜻한 시간에는 데조로를 안고 발코니에 나가 앉아 채소의 이름도 가르쳐주고, 예쁜 잎사귀들도 보여주면서 일광욕을 하곤 했답니다.

얼마 전에는 1시간 거리의 주말농장에 텃밭을 한 뙈기 얻었습니다. 이유기를 잘 마친 데조로와 함께 상추도 심고 치커리, 열무, 고추, 가지, 토마토, 딸기 등을 심어서 수확의 즐거움을 누려보고 싶어서요.

2년 전, 발코니에 어설픈 텃밭을 만들 때만 해도 걱정이 참 많았습니다. 괜히 힘만 들고 모종만 버리는 게 아닌가 싶어 망설여지기도 했지요. 하지만 막상 텃밭을 가꾸어보니 생각했던 것보다 어렵지 않은 거예요. 게다가 수확하는 즐거움이 얼마나 큰지 그 매력에서 벗어나지 못하고 있답니다. 게다가 이렇게 데조로와 함께한 이유식 경험을 정리해 책으로 내게 되었으니 얼마나 감사한지 모르겠어요.

맨 처음, 텃밭을 계획했을 때 나의 계획을 지지하고 적극적으로 도와주었던 사랑하는 남편과 엄마가 정성으로 만든 이유식을 잘 먹고 건강하게 자라준 사랑스런 아들 데조로, 그리고 텃밭을 가꾸는 내내 정성을 보태주신 엄마에게 감사의 마음을 전하고 싶습니다. 또한 책을 만드는 동안 나의 손과 발이 되어주었던 정은이와 민지에게도 고마운 마음을 전합니다.

이유식은 단순히 아기에게 음식을 먹이는 것이 아니라, 엄마의 사랑과 정성을 음식에 쏟아 부어 더 큰 의미의 것을 먹이는 것이라고 생각해요. 그리고 이유식을 만들 땐 아기를 향한 사랑과 정성을 쏟아 붓는 만큼, 엄마 자신도 즐기면서 했으면 좋겠어요. 이유식은 아기뿐만 아니라 엄마에게도 행복이거든요. 제게는 한 뼘 크기의 작은 텃밭이 바로 그 행복의 열쇠였답니다.

지은이 방영아

CONTENTS

Part 1 이유식에 대한 엄마의 원칙

Part 2 이유식의 핵심은 좋은 재료

Part 5 후기 이유식_생후 9~11개월

Part 6 완료기 이유식_생후 12개월 이후

Part 7 유아기 간식_생후 18개월 이후

이유식에 대한
엄마의 원칙

Part 1

엄마마다 다르고, 아기마다 다르고, 또 전문가마다 다른 것이 이유식입니다. 어느 하나 틀린 얘기는 아니지만 엄마가 중심을 잃어버리고 이리저리 휩쓸려 다니다 보면 아이의 건강이 위협받을 수도 있답니다. 다양한 의견과 정보를 두루 살펴보는 것도 중요하지만, 무엇보다 엄마가 분명한 원칙을 세워두어야 건강하고 즐거운 이유식을 실천할 수 있답니다.

아이의 평생지능, 이유식이 좌우합니다

아이가 이유식을 거부하면 엄마들은 영양결핍부터 걱정합니다. 잘 먹어야 잘 크니까요. 하지만 이유식의 의미는 영양공급 외에도 많답니다. 이유식은 먹는 과정을 통해 아이들의 지능이나 감각 발달에도 영향을 미치거든요. 과거에 각광받던 선식이나 분말 이유식이 외면을 받는 것도 바로 이런 이유에서죠.

모유만으로 부족한 영양 공급 아기가 태어나면 엄마의 모유나 분유를 통해서 성장에 필요한 영양을 공급받게 됩니다. 그러나 생후 5~6개월이 되면 모유나 분유만으로는 성장에 필요한 영양을 다 공급받을 수 없기 때문에 점차적으로 이유식을 시작하게 됩니다. 엄밀한 의미에서 이유식은 '솔리드푸드(solid food)'라고 하여 덩어리가 있는 음식, 즉 고형식을 가리킵니다.

하지만 처음부터 고형식을 할 수는 없고, 아기의 발달단계에 따라서 액체 상태의 10배 죽으로부터 시작하여, 시기가 지나면서 점점 더 덩어리가 큰 것을 공급해 아기가 음식에 대한 다양한 경험을 하고 영양을 공급받을 수 있게 한답니다. 이렇게 꾸준히 연습을 하다보면 생후 12개월이 지나면 밥을 먹을 수 있을 정도로 발달하게 됩니다.

이유식 먹는 모든 과정이 두뇌발달 자극 이유식을 하면서 아기들은 두뇌가 더 활발하게 발달하게 된답니다. 이유식 시기에 따라 아기들은 새로운 음식에 대해 경험하게 되고, 그 음식 형태를 통해서 세상을 경험하게 됩니다. 맛을 보고, 혀로 으깨어 먹고, 손으로 만져보고, 치아로 씹는 과정을 통해서 아기의 두뇌발달이 자극을 받게 되는 것이죠. 또 손으로 음식을 집어먹고 숟가락을 이용하는 모든 행동 하나하나, 엄마와 눈을 마주치고 음식을 받아먹는 반응 하나하나가 모두 아기의 두뇌발달을 촉진하게 된답니다.

평생 식습관과 미각 형성 시기 이유식을 통해서 평생의 식습관과 미각이 발달하게 됩니다. 이유기에 엄마가 다양한 재료를 활용하여 음식을 만들어 먹이면 아기들은 다양한 음식의 재료와 조리법에 대해서 경험하게 된답니다. 각기 다른 재료와 조리법이 전달하는 음식의 질감을 배우고 맛을 경험하는 동안 아기들은 미각을 발달시키고 식습관을 형성해 나갑니다. 이 시기에 다양한 음식을 맛보여주어야 나중에 편식을 하지 않고 건강한 식습관을 갖게 된답니다.

엄마를 통해 느끼는 정서적 안정감 이유식을 통해서 아이들은 가족간의 애정, 즉 유대감을 갖게 된답니다. 엄마나 가족의 눈을 바라보면서 이유식을 먹는 아기들은 영양을 섭취하기도 하지만, 가족의 사랑도 함께 섭취하게 되니까 말이에요. 특히 음식을 먹는 동안 나누는 엄마와의 교감과 안정감은 아기의 정서 안정에 직접적인 영향을 미친답니다.

엄마가 반드시 지켜야 하는 이유식 원칙 10

이유식의 원칙 1 | 개월 수보다 우리 아이의 발달수준에 맞춘다

이유식에 이용할 수 있는 식품은 아기의 성장 속도에 따라 달라집니다. 이유식은 생후 5개월 이후 시작하는 것이 보통이며, 단계별로 초기와 중기, 후기, 완료기 등으로 나누어집니다. 하지만 모든 아기가 생후 5개월에 반드시 이유식을 시작해야 하는 것은 아니랍니다. 이유식의 시작과 단계별 음식은 아기의 월령이 중요한 게 아니라 아기의 성장 속도가 중요하기 때문이죠. 또한 분유를 먹는 아기들은 모유를 먹는 아기들에 비해 이유식을 일찍 시작하는 것이 좋답니다. 항상 아기의 발달상태를 잘 지켜보면서 우리 아기에게 적절한 이유식을 선정하도록 하세요.

이유식의 원칙 2 | 모든 재료와 음식은 엄마가 직접 준비한다

이유식은 엄마의 정성을 가득 담아 만들어 먹여야 합니다. 엄마의 모유나 분유 외에 아기가 처음으로 접하는 음식이 이유식인 만큼, 우리 아기의 건강과 특성을 세심하게 고려해서 직접 준비해야 하는 것이죠. 가장 이상적인 것은 재료 준비부터 엄마가 직접 하는 것입니다. 발코니나 옥상, 마당 등에 작은 텃밭을 마련해 채소를 기르고, 믿을 수 있는 유통과정을 거친 고기를 선택하는 것 또한 엄마의 몫입니다. 아기들은 아직 면역체계가 완성되지 않은데다 소화기관도 약하기 때문에 농약 잔류물 같은 외부 오염물질에 민감하게 반응한답니다. 좋은 재료들을 선별하여 아기가 새로운 맛과 냄새, 음식 재료마다 다른 질감 등을 느낄 수 있도록 노력해야 합니다.

이유식의 원칙 3 | 첫 이유식은 쌀죽으로 시작한다

이유식은 쌀죽(10배 죽)부터 시작하는 것이 좋습니다. 쌀은 맛이 담백하여 입맛이 까다로운 아기에게도 쉽게 먹일 수 있고, 알레르기를 일으키기 쉬운 단백 성분인 글루텐도 없기 때문에 안전하거든요. 아기 이유식을 만들 쌀은 가급적 유기농 제품을 고르는 것이 좋고, 밀봉하여 냉장고에 넣어두고 사용하면 더욱 좋답니다.

이유식의 원칙 4 | 새로운 재료 사용은 계획적으로 한다

이유식에 새로운 재료를 첨가하는 것은 한 번에 한 가지씩, 2~3일 간격을 두고 시행하는 것이 원칙입니다. 이유식에 들어가는 모든 재료는 아기들이 태어나서 처음 접해보는 것들이기 때문에 아기가 어떤 반응을 보일지 알 수 없거든요. 무엇보다 아기가 해당 재료에 대해 알레르기 반응을 보이지 않는지 잘 살피고, 각각의 재료에 대한 맛과 질감 등을 충분히 느끼게 해주세요.

이렇게 한 가지 재료를 시도한 뒤 관찰기를 거치고, 또 다른 재료를 시도해야 아기가 어떤 것을 좋아하는지, 어떤 식품에 알레르기를 보이는지 등을 정확하게 체크할 수 있답니다. 아기가 새롭게 접하는 음식 재료들을 노트에 꼼꼼하게 정리해두었다가 나중에 간식을 만들 때 참고하면 좋습니다.

이유식의 원칙 5 | 6개월 이후에는 철분 보충식이 필수다

아기가 생후 6개월이 되면 이유식에 단백질이 풍부한 육류를 첨가해주어야 한답니다. 이 시기에 이르면 아기가 엄마 뱃속에서 받아갖고 나온 철분이 고갈되어 지속적으로 철분을 섭취해주어야 하거든요. 바로 이 때문에 쇠고기, 닭고기 등의 살코기를 이유식에 첨가하는 것이랍니다. 간혹 아기에게 고기를 안 먹이겠다는 엄마들이 있는데, 육류에 함유되어 있는 철분은 다른 식품에 함유되어 있는 철분보다 체내에서 흡수가 잘 되므로 아기의 건강을 위해서는 반드시 육류를 활용하도록 하세요.

이유식의 원칙 6 | 돌 무렵에 밥을 먹을 수 있게 설계한다

아기가 생후 7개월이 되면 입 안에서 으깨지는 정도의 굳기를 가진 덩어리가 있는 음식을 만들어 먹여야 한답니다. 이유식은 아기의 성장에 따라 점차 고형도가 높은 음식으로 옮겨가는 과정이기 때문입니다. 그렇게 해야만 아기가 돌 무렵에 밥을 먹을 수 있게 된답니다. 또 생후 8개월 즈음엔 아기가 손으로 음식을 집어먹을 수 있도록 작고 네모지게 잘라주거나 재료를 막대 모양으로 손질해서 아기가 손에 쥐고 먹을 수 있도록 배려해주세요.

이유식의 원칙 7 | 모유나 분유 수유를 병행해야 한다

이유식을 시작해도 아기에게 모유나 분유를 계속해서 먹여야 한답니다. 이유식 초기와 중기에는 아기가 먹을 수 있는 음식이 지극히 제한적이기 때문에 이유식만으로는 아기에게 필요한 모든 영양을 충분히 공급해줄 수 없기 때문이랍니다. 이유기에도 아기의 주된 영양 공급원은 엄마의 모유나 분유입니다. 모유나 분유에 약간의 영양분을 더 보충하고, 다양한 음식의 재료들을 아기가 먹을 수 있도록 엄마가 조금씩 변화를 주는 것이 바로 이유식인 셈이죠. 그러다 차츰 이유식의 비중을 늘려 12개월이 지나가면 모유나 분유보다는 이유식에 더 비중을 두면 된답니다.

이유식의 원칙 8 | 간식에 대해 엄격한 기준을 세워둔다

간식은 아기들에게 음식을 먹는 즐거움을 알게 하고 이유식 사이사이의 공복을 해소해주는 데 본연의 의미가 있습니다. 그런데 많은 엄마들이 아기가 칭얼거리는 것을 막기 위해, 외출을 보다 손쉽게 하기 위해 간식을 활용하곤 합니다. 간식의 내용도 문제입니다. 과일은 좋다는 생각에 무제한적으로 제공하거나 과자, 사탕 등을 주다보면 아기가 짠맛과 단맛에 익숙해져서 밍밍한 이유식을 거부하게 됩니다. 결국 영양적 불균형을 초래하게 되는 것이죠. 간식의 종류, 먹이는 시간 등을 정해두고 엄격하게 지켜야 이유식의 의미도 더욱 살아난답니다.

🌱 숟가락 사용법, 놀면서 배워요

아기들에겐 아무래도 아직 숟가락 사용이 어렵고 불편하지요. 숟가락을 거꾸로 들거나 세워서 들어 음식이 쏟아지는 일이 많답니다. 이럴 때는 숟가락을 평소에 갖고 놀게 하는 게 도움이 된답니다. 숟가락을 쥐는 일에 익숙해지면 사용법도 금방 터득하게 될 테니까요. 숟가락을 갖고 놀 때는 과자나 콩 같은 것을 뜨는 놀이를 해보면 아주 좋답니다. 숟가락은 반드시 음식을 떠먹는 도구라는 고정관념에서 벗어나는 거지요. 숟가락으로 과자를 뜨거나 옮기는 놀이를 하다보면 자연스럽게 숟가락 사용법을 터득하게 된답니다.

이유식의 원칙 9 | 바른 식습관을 갖도록 유도한다

이유식은 아기의 식습관을 길러주는 데도 중요한 의미를 갖고 있답니다. 이유식을 먹일 때는 반드시 정해진 자리에 앉아서 먹도록 이끌어주세요. 또한 아기 전용 식기들을 준비해서 아기가 직접 숟가락을 쥐고 먹거나 컵을 들고 물을 마실 수 있도록 배려해주세요. 이때 아기가 음식을 흘리거나 실수로 그릇을 뒤엎는 일은 자연스럽게 받아들일 줄 알아야 합니다. 이유식을 먹는 시간도 정해두어야 합니다. 가급적 다른 가족들이 식사를 할 때 아기도 같이 먹는 것이 좋으며, 엄마가 떠먹여주어야 할 때는 엄마가 밥을 먹기 직전에 먹이는 것이 좋습니다. 또 이유식 시간에는 엄마가 항상 곁에서 지켜보면서 아기의 마음을 편안하고 즐겁게 해주어야 합니다. 아기가 스스로 숟가락을 쥐고 먹으려 하면 서툴더라도 격려하고 칭찬해서 아이 스스로 숟가락을 쥐고 식사를 할 수 있는 기초를 마련해주세요.

이유식의 원칙 10 | 위생관리에 만전을 기해야 한다

이유식을 만들 때는 다른 음식을 할 때보다 위생관리에 신경을 써야 합니다. 아기들은 면역이 약해서 사소한 오염물질에도 극단적인 반응을 보일 수 있기 때문입니다. 이유식을 조리하기 직전과 직후, 아기에게 음식을 먹이기 직전과 직후, 언제든지 손을 깨끗이 씻도록 하세요. 무심결에 오염된 행주를 만진 손으로 아기 음식을 집어먹이는 일은 없어야겠습니다. 또한 아기의 식기들은 열탕 소독을 할 수 있는 것으로 마련하고, 도마 역시 아기 것은 따로 쓰는 것이 좋답니다.

이유식 8개월이 80평생 건강을 좌우합니다

아기가 새로운 음식을 접하게 되는 이유기에 길들여진 식습관은 아기가 평생을 살아가는 동안 큰 영향을 미치게 됩니다. 이유기에 다양한 재료를 여러 가지 조리법을 통해 먹었던 아기들은 고른 영양 섭취를 통해 건강한 식습관을 갖게 되며, 모든 음식을 선입견 없이 받아들이게 됩니다. 또한 음식의 간이나 조리법 등에 대한 선호도도 이유기에 결정되므로 엄마가 각별한 주의를 기울여야 한답니다.

수백 가지 레시피보다 중요한 것은 좋은 재료다 모든 식품은 열과 수분을 가해 조리를 하는 동안 질감이나 영양 성분들이 달라집니다. 엄마들이 전문가들의 요리책을 보며 이유식 힌트를 얻는 것도 바로 이유에서입니다. 하지만 수백 가지 레시피보다 중요한 것은 얼마나 좋은 재료로 음식을 만드느냐 하는 것입니다. 아무리 값비싼 재료라도 믿을 수 없다면 과감하게 돌아서야 합니다. 어설프나마 엄마가 직접 기른 건강한 재료를 이유식에 사용한다면 더욱 좋습니다. 농약이나 화학비료 없이 텃밭 농사를 짓는 것이 쉽지는 않지만, 내 아이를 위한 수고라고 생각하면 얼마나 즐거운지 모른답니다. 또한 똑같은 레시피라도 엄마의 음식솜씨에 따라 서로 다른 맛을 내기 때문에 엄마의 정성이 중요하답니다.

공장형 이유식은 아기의 입맛과 건강을 모두 버린다 요즘은 일하는 엄마들이 많습니다. 때문에 공장형 이유식도 참 다양하게 나와 있습니다. 하지만 공장형 이유식은 단순당분은 함량이 높고 수많은 첨가물이 들어 있어 아기의 체력을 떨어뜨리고 산만하게 만든답니다. 또한 아기 개개인의 식성이나 알레르기 등을 충분히 반영할 수 없기 때문에 해당 월령의 아기들을 위한 제품이라 할지라도 우리 아기에게 적합하지 않은 재료가 섞여 있는 경우도 많답니다. 위생 문제도 염려하지 않을 수 없습니다. 대량생산의 경우, 집에서 엄마가 만든 음식만큼 정성스럽게 만들 수는 없기 때문입니다. 아무리 바쁘고 귀찮더라도 우리 아기의 평생 건강을 좌우하는 음식이라는 점을 기억하고 이유식 만들 시간을 남겨두어야 한답니다.

아기에겐 아기만의 음식을 만들어 먹여야 한다 이유식이 필요한 것은 아기가 아직 어른들이 먹는 음식을 먹을 준비가 안 되었기 때문입니다. 아기들은 아직 치아도 없고 소화기관도 약하기 때문에 어른들의 음식을 함부로 먹으면 장염 같은 질병을 일으킬 수도 있답니다. 좀 번거롭더라도 아기를 위한 음식은 반드시 따로 준비해야 합니다. 가족들 음식을 만들 때 재료를 따로 덜어뒀다 별도로 조리하고 조미해서 아기만을 위한 음식을 만들어주세요.

아이들이 편식을 하는 것은 엄마 탓이다 아이들의 편식은 많은 엄마들이 호소하는 고민거리입니다. 그런데 아이의 편식에 엄마의 탓이 크다는 것은 잘 모르는 것 같습니다. 음식을 처음 접하는 이유기에 다양한 재료를 맛보여주고 다양한 조리법에 익숙해지도록 만들어주면 편식 걱정은 접어두어도 된답니다. 이유기에는 가급적 다양하고 신선한 재료를 맛보여주세요. 또한 똑같은 재료라도 얼마든지 다양한 레시피로 응용할 수 있으니 솜씨를 발휘해보세요.

이유식 시작 시기, 아기의 반응으로 알아보세요

1. 아기가 머리와 목을 가눌 수 있을 정도로 근육이 발달되었는지 살핍니다. 이유식은 모유나 분유에 비해 약간 되직한 상태의 음식이기 때문에 아기가 앉아서 숟가락으로 음식을 받아먹으려면 고개를 움직일 정도는 되어야 한답니다.

2. 숟가락에 약간의 음식(10배 죽)을 담아 아기의 혀에 얹어봅니다. 아기가 혀로 밀어내지 않고 먹으려 하는 반응을 보이면 이유식을 시작할 수 있습니다.

3. 가족들이 음식을 먹는 것을 보고 아기가 입을 오물거리면서 반응을 보이거나 침을 많이 흘린다면 음식에 대한 욕구가 생긴 것으로 판단할 수 있습니다.

잘못된 이유식이 알레르기를 만듭니다

알레르기는 유전적으로 타고나기도 하지만 이유기 이후 섭취하는 음식에 따라 생길 수도 있답니다. 또 아기의 성장에 따라 없어지거나 변화하므로 세심한 관찰을 통해 알레르기 원인식품을 찾아내고 보완책을 세워주어야 한답니다.

이유식 시작 시기를 6개월 이후로 미룬다 알레르기를 일으키는 것이 주로 단백질입니다. 그런데 만 4개월 이전의 아기는 아직 소화를 잘 시키지 못하고 장이 미숙해서 덜 분해된 단백질이 그대로 흡수되어 알레르기를 일으킬 수 있답니다. 음식에 대한 알레르기는 이유식을 너무 일찍 시작해도 나타날 수 있으므로, 아기가 알레르기 체질이라면 생후 6개월 이후에 이유식을 시작하는 것이 좋습니다.

한 번의 거부반응이 알레르기는 아니다 한 번의 음식물 섭취로 나타난 거부반응에 대해 알레르기라고 판단하는 것은 옳지 않습니다. 아기가 특정 음식에 알레르기 반응을 보인다면 시간을 두고 정확하게 어떤 것에 반응하고 있는지 살펴본 뒤 음식물 섭취 여부를 결정하는 것이 좋습니다. 어떤 음식물에 알레르기 반응을 보였다면 보통 1~3개월 간격을 두고 다시 테스트해보는 것이 좋습니다. 음식물에 대한 알레르기는 주로 생후 12개월 이전에 많이 나타나며, 생후 36개월이 지나면 현저하게 줄어든답니다.

알레르기 대체 식품을 찾아 영양 밸런스를 맞춘다 알레르기 때문에 먹지 못하는 음식이 생겼을 경우에는 그 음식의 영양소에 해당하는 대체 식품을 찾아내어 공급해주어야 합니다. 하루가 다르게 부쩍부쩍 성장하는 아기들에게는 탄수화물, 단백질, 비타민, 무기질, 지방 등 다섯 가지 영양소가 조화를 이루어 공급되어야 하므로, 영양 밸런스를 고려하여 식단을 조정하는 지혜가 필요하답니다.

식품별 알레르기 대응법

채소 생후 5~6개월이 되면 먹일 수 있습니다. 초기에는 양배추와 감자, 고구마, 호박, 완두콩 등을 활용할 수 있으며, 시금치, 당근, 비트, 배추 등은 질산염이라는 질소화합물 때문에 만 6개월 이후에 사용하는 것이 좋습니다.

육류 쇠고기나 닭고기 같은 육류는 철분 보충을 위하여 생후 6개월이 되면 꼭 먹여야 하는 이유식 재료입니다. 이유식 초기에는 쇠고기나 닭고기를 곱게 갈아서 먹이고, 생후 7개월이 되면 약간 덩어리가 있는 상태로 먹이면 됩니다.

생선 흰살생선은 생후 6개월부터, 등푸른생선은 생후 9개월 이후에 먹이는 것이 좋습니다. 대합이나 모시조개, 꽃게, 홍합 등의 어패류는 생후 12개월이 지난 뒤에 먹여야 합니다.

과일 이유식 초기에 먹일 수 있는 과일은 사과와 배, 살구, 자두 등입니다. 처음엔 이들 과일을 익혀서 과즙 상태로 먹이고, 차츰 시간이 지나면 작게 썰어서 먹입니다. 귤이나 오렌지는 생후 9개월이 지나서 먹이는 것이 좋고, 딸기나 토마토는 생후 12개월 이후부터 먹이는 것이 좋습니다. 땅콩 같은 견과류는 36개월 이후에 먹이도록 합니다.

달걀 생후 6개월부터 12개월까지는 노른자만 먹여야 합니다. 달걀흰자는 생후 12개월이 지나서 완전히 익혀서 먹일 수 있습니다. 생후 12개월 이전의 아기들은 달걀의 철분을 잘 흡수하지 못하기 철분 보충 식품으로 달걀을 선택하는 것은 적당하지 않습니다. 달걀은 일주일에 3~4개 정도 먹이는 것이 적당하답니다.

유제품 생우유는 생후 12개월 이전에 먹이면 알레르기를 일으키고, 다른 음식의 소화를 방해해서 빈혈을 일으킬 수도 있답니다. 생후 12개월 이후에 하루에 400~500㎖ 정도 먹이는 것이 좋습니다. 유아용 무염치즈는 생후 8개월부터 먹일 수 있는데, 처음에는 완전히 녹인 상태로 먹이다가 생후 12개월 이후에는 잘게 썰어서 진밥과 함께 먹이는 것이 좋습니다. 플레인 요구르트도 생후 12개월 이후부터 아무것도 첨가되지 않은 것으로 선택하여 과일 등과 섞어서 먹이는 것이 좋습니다.

밀가루 밀가루는 단백질과 탄수화물이 풍부하고, 비타민 B₁이 쌀보다 많답니다. 또한 칼슘, 인, 황, 칼륨 등도 많이 들어 있습니다. 하지만 알레르기를 일으키는 글루텐 성분이 들어 있으므로 생후 12개월 이후부터 먹이는 것이 좋습니다. 수입산은 농약으로부터 안전하지 않기 때문에 되도록 우리밀 밀가루를 먹이도록 하세요.

꿀 보툴리즘이라는 균 때문에 생후 12개월 이후부터 먹여야 합니다. 이 균은 끓는 물에서도 완전히 박멸되지 않으므로 조심해야 한답니다.

아토피 아기는 이유식도 면역식단으로 구성하세요

아토피 증세가 있는 아기들의 30% 가 식품 알레르기 반응을 보인다고 합니다. 그만큼 아토피와 이유식 재료는 밀접한 관계를 갖고 있답니다. 아기에게 아토피성 피부염이 있다면 이유식을 할 때 음식 재료에 각별히 주의해야 합니다. 월령별로 먹여야 할 것과 먹이지 말아야 할 것을 확인해서 철저하게 지키고, 이유식 재료도 건강하고 안전하게 키우고 유통된 것들로 선택해야 한답니다.

이유식 재료는 아기의 반응을 살피며 추가한다 아토피 피부염을 앓고 있는 아기들은 선천적으로 아토피 인자를 갖고 태어난다고 합니다. 그러던 것이 생활환경이나 음식에 의해 발현되는 것이지요. 이 얘기는 아토피 피부염을 갖고 있는 아기라도 친환경적인 환경에서 건강한 음식을 먹고 자라면 얼마든지 증상을 완화할 수 있다는 뜻으로 풀이될 수 있습니다.

아토피성 피부염을 악화시키는 음식은 아기마다 모두 다릅니다. 특정 음식에 대해 알레르기를 일으키거나 아토피가 심해지는 아기라면 이유식을 시작할 때 한 번에 한 가지 음식 재료만 첨가하여 반응을 지켜보는 것이 좋습니다. 또 한 가지 재료를 첨가한 뒤 새로운 재료를 첨가할 때는 1주일 정도 간격을 두어 아기가 각각의 식품에 어떤 반응을 보이는지 꼼꼼하게 확인하는 것이 좋습니다.

면역력 강화를 위해 해조류와 비타민을 제공한다 아토피는 인체의 면역체계와 밀접한 관련을 맺고 있답니다. 아토피 체질의 아기라도 질병 등으로 인해 면역이 약해졌을 때는 증상이 훨씬 더 심해지는 것을 볼 수 있습니다. 아기들의 면역을 강화하는 데는 해조류와 채소류가 좋습니다. 해조류는 비타민과 무기질을 풍부하게 함유하고 있으며 장내에 유익균을 생장시켜주는 기능을 합니다. 또한 채소류도 비타민 함량이 높아 면역강화에 직접적인 영향을 미친답니다.

생후 1년 정도 모유 수유를 해 면역력을 강화한다 모유는 아기의 면역력을 강화하고 아토피를 예방하는 데 탁월한 효능을 갖고 있다고 합니다. 실제로 주변을 둘러봐도 모유를 먹고 자란 아기들은 아토피나 감기 등에 저항력을 갖고 있는 것으로 보입니다. 아기에게 모유를 먹일 수 있다면 최소한 생후 1년까지 모유 수유를 하는 것이 좋습니다. 단, 모유 수유를 할 때는 엄마도 음식을 가려 먹어야 한답니다. 엄마가 먹는 음식 때문에 아기가 이상 반응을 일으킬 수도 있기 때문입니다. 모유 수유를 하는 동안 엄마는 땅콩이나 생선류, 견과류, 달걀, 우유 등의 음식 섭취를 자제하는 것이 좋습니다.

이유식 일기를 쓰며 아기의 체질을 파악한다 아기의 이유식에 새로운 식품을 첨가했을 때 아기가 처음 보이는 반응은 매우 중요하므로 잘 관찰해야 한답니다. 아기가 맛있게 먹는지, 배에 가스가 차지는 않는지, 피부에 이상 발진이 생기거나 아토피가 심해지지는 않았는지, 그리고 배변은 좋았는지 등을 잘 관찰하면서 이유식 일기를 써보면 좋답니다. 이렇게 아기가 음식을 처음 접했을 때 보이는 반응과 몸에 나타나는 현상 등을 꼼꼼하게 정리해가면 내 아기에게 어떤 음식 재료가 맞지 않는지를 정확하게 알 수 있답니다.

자극성 가공식품은 절대 금물

모든 아기가 마찬가지지만 아토피 아기라면 특히 공장형 이유식이나 단맛이 나는 음식에 주의해야 합니다. 인스턴트나 가공식품에는 방부제 등 각종 첨가물이 들어 있는데, 이것이 바로 면역력 저하의 주범이거든요. 이들 식품은 단맛과 짠맛이 강해서 일단 맛을 들이면 조절하기가 힘들기 때문에 처음부터 멀리하는 게 좋습니다. 또 맵거나 짠 음식, 뜨거운 음식도 좋지 않습니다. 자극적인 음식을 먹으면 몸 안에 열이 생기게 되고 그 열을 발산하는 가운데 몸이 가려워진답니다. 특히 맵고 뜨거운 음식을 먹으면서 땀을 흘리게 되면 가려움이 심해집니다.

이유식의 핵심은
좋은 재료

이유식을 준비하는 엄마들이 가장 흔히 저지르는 실수가 수십 가지의 재료와 조리법에 매달리는 것입니다. 물론 아기들에게 다양한 음식을 맛보이는 것은 무척 중요한 일입니다. 하지만 이유식에서 가장 중요한 것은 정말 아기에게 먹여도 좋은 재료냐 하는 것이랍니다. 면역이 약한 아기들에게는 정말 안전한 재료들만 사용해야 하거든요. 엄마가 직접 돌보는 '한뼘텃밭'과 엄마가 직접 만든 이유식의 가치는 바로 여기에 있답니다.

한뼘텃밭으로
우리 아이 식탁을
지키세요

요즘은 '도시농부'가 웰빙 트렌드랍니다. 우리 집 식탁은 내 손으로 지키겠다는 부지런한 엄마들이 많아지고 있는 것이죠. 건강한 먹거리는 물론, 여가활동으로 치더라도 이만큼 즐거운 일이 또 있을까 싶어요. 특히 아이가 있는 집에서는 교육적인 효과도 기대할 수 있어 유익한 점이 너무 많답니다. 온갖 농약과 중금속으로 위협받고 있는 우리 아이 식탁, 이제 엄마가 지켜주세요!

방법 1 | 발코니에서 키우는 채소 화분

텃밭이라고 해서 부담스러워할 필요는 없답니다. 어느 정도 깊이가 있는 큼직한 화분이라면 웬만한 채소는 다 기를 수 있거든요. 하지만 아파트에서는 정성을 많이 기울여야 한답니다. 식용 채소 대부분은 일조량을 많이 요구하므로 발코니가 정남향이

어야 하고, 발코니 밖으로 화분을 내놓을 수 있는 거치대가 있다면 더욱 좋아요. 하지만 토마토나 딸기, 새싹채소 등은 웬만한 아파트 발코니에서도 얼마든지 키울 수 있답니다. 발코니는 다른 곳보다 따뜻하기 때문에 봄부터 가을까지 오랫동안 수확을 할 수 있다는 게 가장 큰 장점이죠. 발코니에서 채소를 기를 때는 창문을 열어놓아 바람이 잘 통하게 해주는 게 중요하답니다.

방법 2 | 옥상이나 화단을 텃밭으로 가꾸기

옥상이 있는 집이라면 정말 좋지요. 옥상은 햇빛이 충분하고 면적이 넓어 다양한 작물을 시도해볼 수 있거든요. 옥상에 직접 화단을 만들 때는 방수와 배수에 신경을 써야 한답니다. 천장으로 물이 배어들어오면 큰일이잖아요? 이런 문제는 종묘상이나 페인트 가게 같은 데 가서 의논하면 아이디어를 얻을 수 있답니다. 초보농부라면 큼지막한 화분을 몇 개 이용하는 편이 더 나을 것 같아요. 텃밭을 새로 꾸리는 데는 흙이 적잖이 들어가기 때문에 일단 화분에서 연습을 한 다음에 일을 벌이는 게 안전하거든요. 또 요즘은 화단 대신 자그마한 텃밭을 만들어주는 아파트도 있더라고요. 이런 공간을 놓칠 순 없죠. 어떻게든 한 뼘 얻어서 뭐라도 심어보세요.

방법 3 | 주말농장 한 뼘 얻어 도시농부 선언

좀더 욕심을 내자면 주말농장을 이용해 보는 것도 좋죠. 농장에 가면 이웃들과 정보도 나눌 수 있고, 씨앗이나 모종을 나눠 심기도 하며 정을 나눌 수 있답니다. 특히 근교에 한 뼘 얻어 놓으면 가족들과 함께 바람 쐬러 나갈 최고의 핑계거리가 되잖아요. 임대비용이 좀 들긴 하지만 생각보다 비싸지도 않고, 이런저런 채소를 사 먹는 데 비하면 미안할 정도로 싸답니다. 게다가 아이가 흙을 밟으며 노는 모습을 보면 얼마나 좋은지 모른답니다. 건강과 마음의 평화까지 함께 얻을 수 있는, 도시인들의 최고의 사치가 아닐까 싶어요.

서로 다른 즐거움, 씨앗 vs. 모종

종묘상에 가면 웬만한 식용채소 씨앗은 전부 판답니다. 씨앗을 뿌리면 발아하기까지 기다리는 시간이 있어 좀 지루하긴 하지만 싹이 터서 나오는 것을 보고 있으면 그렇게 즐거울 수가 없지요. 하지만 텃밭을 처음 만들 때는 모종이 쉽답니다. 발아과정에서 실패할 확률도 줄여주고, 수확의 즐거움도 얼른 맛볼 수 있으니까요. 품종에 따라 다르지만 텃밭에서 시도해볼 만한 모종은 주로 봄과 초여름에 나온답니다. 상추나 고추 모종은 특히 인기가 높아 꽃집에서도 쉽게 구할 수 있답니다. 텃밭이 넉넉하다면 한쪽에는 씨앗을, 한쪽에는 모종을 심어보세요. 수확 시기가 서로 달라 오랫동안 식탁을 풍성하게 할 수 있답니다.

아기 덕분에
온 가족이
건강하게 먹어요

집에 아기가 있으면 모든 가족의 생활패턴이 달라집니다. 실내 환경은 훨씬 깨끗해지고, 공기는 한결 촉촉해집니다. 무엇보다 가족들이 보다 건강한 음식을 먹게 되죠. 특히 아기를 위해 채소를 키우다 보면 온 가족이 함께 건강식을 하게 됩니다. 건강식 뿐만이 아닙니다. 텃밭을 일구면서 얻게 되는 즐거움과 가치는 몸을 움직여 직접 해본 사람만이 알 수 있답니다.

건강한 먹거리로 식탁 채우기 두세 평의 땅만 있으면 한 가족이 먹을 채소는 거의 다 해결할 수 있답니다. 소박하기로는 화분 두어 개로 할 수 있는 농사도 적지 않고요. 도심에서 가장 흔하게 키우는 상추나 고추, 가지 등은 화분에서도 얼마든지 키울 수 있

답니다. 한여름 점심시간에 직접 키운 상추와 풋고추
를 따다 식탁에 올리면 최고급 쌈 채소가 무슨 필요가
있겠어요? 신선함이 바로 반찬인 걸요.

부모와 아기가 함께 여가 즐기기 주말에는 산이나 공원
등으로 바람을 쐬러 나가는 사람이 많습니다. 특히 아기
가 있으면 야외활동이 잦아집니다. 누구보다 바깥바람
을 좋아하는 것이 바로 아기들이잖아요. 하지만 막상 나
가려 하면 아기를 데리고 갈 수 있는 곳이 그리 많지 않
습니다. 텃밭은 바로 이럴 때 최고의 여가활동이 되어줍
니다. 또한 아기에게는 신선한 바람과 햇빛과 흙을 접할 수 있게 해주는 멋진 놀이터
가 된답니다.

세상에서 가장 생산적인 운동 땅에 씨앗을 뿌리거나 모종을 심고, 물을 주고 거름을
줘서 가꾸는 일은 그 자체만으로도 즐겁지만 운동으로서의 가치도 제법 크답니다. 밭
을 일구는 일은 평소 쓰지 않던 근육을 사용하게 하고, 아무래도 햇볕 아래서 장시간
서 있거나 걷게 합니다. 이런 활동 하나하나가 몸을 건강하게 하고 날씬하게 하는 운
동이 됩니다. 농사야말로 가장 생산적인 운동인 셈이죠.

교육적 효과도 기대할 수 있어 채소를 키우는 것은 아이들에게 교육적인 효과도 무척
큰 활동이랍니다. 흙에 씨앗을 심고 물을 주면 싹이 나오는 단순한 일에 아이들은 감
동하고 흥분합니다. 그러는 동안 자연의 순환 원리나 생명의 소중함도 배우게 되죠. 이
유식 초기의 아기들은 어렵겠지만, 완료기 무렵에는 아기와 함께 텃밭에 나가보세요.
아기들이 얼마나 좋아하는지 깜짝 놀라실 거예요. 물뿌리개라도 하나 쥐어주면 좋아
라하며 채소들에게 물을 주겠다고 고집을 부리곤 한답니다. 게다가 요즘에는 초등학
교에서도 강낭콩 기르기, 감자 기르기 같은 숙제를 내주더군요. 건강하고 환경친화적
인 아이로 키우는 일, 생각보다 일찍 시작해야 할 것 같아요.

흙 비옥하게 만들기

화단에서 채소를 기르려면 흙에 신경을 써야 합
니다. 화단을 텃밭으로 가꾸었는데 채소가 잘
자라지 않는다면 그건 거의 흙 때문이랍니다.
화단을 텃밭으로 일구려면 거름흙을 사다 섞어
서 흙을 비옥하게 해주어야 한답니다. 또 수시
로 비료가 될 만한 것들을 섞어주면 좋습니다.
김빠진 맥주도 좋은 비료가 된다고 하고, 쌀뜨
물도 좋은 비료가 된답니다. 우유를 마시고 난
뒤 우유팩에 물을 담아 남은 우유를 물로 흔들
어서 주는 것도 좋습니다. 씨앗을 뿌리는 것보
다 더 급하고 중요한 일이 흙 가꾸는 일이라는
점, 잊지 마세요!

이유식에 가장 많이 사용하는 채소

오이

오이는 맛이 달고 이뇨작용이 뛰어나답니다. 수분과 칼륨, 비타민 B, 비타민 C가 많으며 위와 장을 튼튼하게 해주는 식품입니다. 이유식 시작 단계부터 먹이는데, 초기에는 갈아서 체에 걸러 맑은 즙을 받아 조금씩 미음에 섞어 먹이다가, 중기부터 차츰 양을 늘리고 잘게 다져서 먹입니다.

엄마가 직접 길러요

오이는 따뜻하고 기름진 땅에 심어야 잘 자란답니다. 오이는 본디 2월 상순부터 4월 상순에 심는데, 다른 채소들에 비해 좀 빠른 편이죠? 하지만 오이는 서리 맞는 것을 두려워하기 때문에 3월 중에 서리 기운이 없는 날을 골라 심는 것이 가장 좋답니다.

요즘은 오이 종자가 소독되어 나오므로 별도의 처리가 필요없지만 전통방식으로 오이를 심을 때는 물로 오이씨를 깨끗이 씻어서 소금을 조금 섞어둔답니다. 그리고는 호미로 마른 흙을 젖혀가며 구덩이를 만들고 오이씨와 콩을 4~5개씩 구덩이 옆에 심는 거죠. 오이 싹이 워낙 약하다 보니 콩에 의지해서 흙을 들어올리고 나올 수 있게 하기 위한 거라네요. 오이 잎이 두어 개 나온 뒤에 콩 싹은 가려내어 뽑아버리면 된답니다.

그러고는 콩 싹을 뽑아내고 생긴 빈 자리에 재를 채우고 이틀 뒤에 흙으로 뿌리를 돋워주면 벌레가 생기지 않아 오이가 잘 자란답니다.

오이가 커 가면 지주를 세워서 어미덩굴을 유인하고, 옆으로 나온 순은 따버리세요. 덩굴손도 수분 손실의 원인이 되니 따버리시고요. 오이는 마디마다 열매가 열리기 때문에 물 주기가 핵심이거든요. 물이 부족하면 오이가 구부러지고 쓴맛이 난답니다. 흙을 짚으로 덮어 수분을 유지해 주는 것도 좋답니다. 오이가 커 가면 아들덩굴 하나에 오이 하나 정도 열리게 손질하면 된답니다.

당근

비타민 C와 비타민 E, 클로로필, 요오드, 불소, 칼륨, 섬유질 등 다양한 양분이 골고루 들어 있는 식품입니다. 특히 면역력을 높여주는 비타민 A가 많이 들어 있답니다. 하지만 질산염 함량이 높아서 6개월 이전의 아기에게 먹이면 청색증이라는 빈혈을 유발할 수 있습니다. 6개월 이후 잘게 다지거나 갈아서 죽을 끓일 때 넣으면 좋습니다. 12개월 이후에는 기름에 볶거나 진밥, 무른밥에 넣어주세요.

엄마가 직접 길려요

당근은 보통 4~5월에 하순에 씨를 뿌려 7~8월에 중순에 수확한답니다. 이때를 놓치면 7월에 씨를 뿌려 11월 중순에 수확해도 되고요. 싹이 나서 100~120일 정도 되면 수확하는 것이 보통이니 다른 작물과의 관계를 생각해서 선택하시면 되겠죠? 날짜가 애매하면 겉잎이 땅에 닿을 정도로 늘어질 때 하나 뽑아보세요. 수확이 너무 늦어지면 뿌리 표면이 거칠어지고 속심이 생기기 때문에 주의해야 한답니다.

당근 씨앗을 뿌릴 때는 고랑을 너무 깊게 파지 않도록 주의해야 한답니다. 물을 좀 뿌려 흙을 촉촉하게 한 다음 씨앗이 겹치지 않게 솔솔 뿌려준 뒤 흙을 5mm 정도로 가볍게 덮어줍니다. 그리고는 짚을 좀 덮어주면 고온이나 비의 피해를 막을 수 있어 더욱 좋답니다.

그러고 나서 일주일에서 열흘 정도 기다리면 싹이 나온답니다. 본 잎이 두세 장 나오면 솎아주기를 하는데, 이때는 포기 사이의 간격이 3~4cm 정도는 되어야 당근이 무리 없이 자랄 수 있답니다. 본 잎이 6~7장이 되면 다시 솎아내기를 하는데, 이때는 포기 사이가 10cm 정도 되도록 하고 비료를 주면 된답니다.

모종으로 심으면 일이 한결 간단해집니다. 당근 모종을 12~15cm 간격으로 심고 물을 충분히 주면 끝입니다. 당근이 자라면서 뿌리 부분이 흙 위로 올라와 햇볕을 받으면 녹색으로 변하기 때문에 흙을 모아서 윗부분을 덮어주는 것이 좋답니다.

무

무는 포도당과 당분이 많아서 푹 익히면 아기들도 잘 먹는답니다. 특히 껍질에 비타민 C가 풍부하지요. 무는 생후 5개월 이후부터 먹일 수 있고, 껍질째 삶은 국물을 이용하여 미음이나 죽을 끓이면 좋답니다. 12개월 이후에는 고기를 먹일 때 함께 조리하면 소화를 돕는답니다.

엄마가 직접 길러요

무는 비옥하고 부드럽고 가벼운 모래땅에 심어야 한답니다. 땅이 너무 척박하면 거름을 주고 서너 차례 김을 매며 자갈을 골라냅니다. 선조들은 무를 2월 상순에 흩어 뿌리면 3월 중순에 먹을 수 있고, 5월 상순에 파종하면 6월 중순에 먹을 수 있다고 했습니다. 요즘은 보통 3월 하순~4월 상순에 파종하여 5월 중순~6월 상순에 수확한답니다.

무를 파종할 때는 좀 듬성듬성하게 해야 한답니다. 한 구덩이에 5~8개씩 뿌리는데, 너무 총총하게 파종하면 뿌리가 작아져버리니 주의해야 한답니다. 포기 사이가 60×24cm 정도 되면 가장 좋답니다. 선조들은 무 씨앗을 파종한 뒤에 재거름으로 덮어 토양의 건조를 막고, 주변에 호미질을 해서 흙 속에 신선한 공기를 불어넣었다고 합니다.

파종 후 기온이 높은 때는 2~3일, 낮은 때는 4~5일이면 싹이 트기 시작합니다. 생각보다 싹이 많이 나왔을 때는 슬슬 호미질을 하며 솎아내 주세요. 생육이 너무 왕성하거나 불량한 것, 잎의 색이 안 좋은 것 등을 먼저 골라내시면 됩니다. 예전에는 메밀과 섞어서 경작하곤 했는데, 이렇게 하면 무와 메밀이 서로 경쟁을 하며 자라기 때문에 둘 다 작황이 좋아진다고 하네요.

예전에는 겨울에 무를 저장하는 것도 큰일이었지요. 겨울에 저장할 무는 일찍 심어서 여러 번 서리를 맞은 뒤에야 캐냈다고 합니다. 무가 서리를 맞으면 줄기와 잎이 모두 부드러워지거든요.

바람 뚫지 않게 조심하세요

무에 바람이 드는 데는 영양공급의 불균형과 생육 중기 이후의 고온 건조한 날씨, 일조량 부족, 토양 수분의 다습 등 여러 가지 원인이 있을 수 있습니다. 무에 바람이 드는 것을 예방하려면 땅의 선택이나 수확 시기, 그리고 비료를 주는 시기가 매우 중요하답니다.

무는 보통 세 번에 나누어 시비를 합니다. 씨를 뿌린 뒤 15일 무렵 포기 사이에 비료를 주고, 그로부터 다시 15일이 지나면 이랑 어깨 부위에 비료를 줍니다. 다시 그로부터 20일 경과한 뒤에 이랑 사이에 비료를 주면 된답니다. 비료는 포기에서 15cm 정도 떨어진 곳에 깊이 10cm 정도로 고루 뿌려주고 흙을 덮어 비료가루가 공기 중으로 퍼지지 않도록 합니다.

배추

배추는 성질이 차서 열을 내리는 효능이 있으며, 비타민과 무기질이 풍부해서 겨울철 훌륭한 영양 공급원이 됩니다. 하지만 질산염이 함유되어 있기 때문에 6개월 이전 아기들의 이유식에 사용해서는 안 됩니다. 또 저장배추는 항생제 처리가 되어 있는 경우가 많기 때문에 이유식용으로는 적합하지 않습니다.

엄마가 직접 길러요

비옥하고 습한 땅에 심는 것이 좋습니다. 2월 상순에 씨앗을 흩어 뿌리면 3월 중순에 먹을 수 있고, 5월 상순에 뿌리면 6월 중순에 먹을 수 있습니다. 파종한 뒤에는 거름재로 덮어주고 물을 자주 뿌려줍니다. 가을에는 추석이 지난 뒤에 심는 것이 좋답니다.

파종은 밭에 직접 뿌리거나 묘상에서 육묘하는 방법으로 나누어집니다. 직파를 할 때는 135~150cm에 두 줄로 파종하거나 78~80cm 정도 되는 이랑에 한 줄로 씨를 뿌립니다. 재식거리는 45~50cm정도 확보해주어야 나중에 배추가 커져도 문제가 없답니다.

육묘를 할 때는 밭흙보다 논흙을 구해다 쓰는 것이 좋습니다. 종묘상에서 연상을 구입할 때 의논해서 준비하도록 하세요. 보통 연상 1개에 씨앗을 3~4개씩 뿌려 본 잎이 2~3매가 나왔을 때 솎아줍니다. 나중에 어떻게 될지 모르니 일단 2주씩 남겨두는 것을 좋습니다. 이렇게 15~20일 정도 지나면 본 잎이 4~5매 정도 되며, 배추 뿌리가 연상 밖으로 비죽이 나옵니다. 이때 텃밭에 옮겨 심으면 된답니다. 밭에 옮겨 심을 때는 미리 퇴비와 복비, 토양 살균제 등을 잘 섞어 흙을 손질한 뒤에 고랑을 만들어놓아야 합니다.

아기에게 먹일 것은 농약은 금물이고요, 비료는 적절히 주어야 합니다. 거름이 부족하면 잎이 누렇게 변하기 때문에 적절한 시비는 매우 중요하답니다.

수확은 품종에 따라 파종 후 60~70일 이후에 하게 되며, 수확기가 지나서 그냥 밭에 두어도 품질에 변화가 없기 때문에 서둘러 수확할 필요는 없습니다.

반드시 천연비료를 사용하세요

화학비료는 환경을 오염시키고 몸에도 좋지 않습니다. 특히 면역이 약한 아기들은 약간의 잔류성분만으로도 해를 입을 수 있으므로 시비를 할 때도 주의가 필요하답니다. 그러나 천연 퇴비만 주어서는 좋은 작황을 기대하기 어렵습니다. 배추 잎이 뻣뻣하고 벌레가 많이 생겨서 기껏 가꾼 채소가 아예 사람 먹을 건 없는 상황이 생길 수도 있거든요. 특히 퇴비에는 질소 성분이 부족해서 잎이나 줄기가 제대로 자라지 못한답니다. 요즘은 종묘상에 가면 질소 함량을 높인 천연비료를 구할 수 있으니, 그런 걸 구해다 사용하도록 하세요.

감자

탄수화물, 칼륨, 비타민 C가 풍부해 아기들의 영양식으로 아주 좋은 식품입니다. 감자는 생후 6개월부터 이유식에 이용하는 것이 좋은데, 초기에는 삶아서 체에 걸러 맑은 물만 이용하고 8개월부터는 삶아 으깬 다음 다른 채소와 섞어서 죽을 끓여 먹이면 됩니다.

엄마가 직접 길러요

감자는 배수가 잘 되는 땅에서 잘 자랍니다. 보통 3월 말~4월 중순에 심으면 7월 상순에 먹을 수 있고, 7월 하순에서 8월 상순 사이에 심으면 10월에 수확하게 됩니다. 감자는 따로 씨앗이나 모종을 사다 심는 게 아니라 집에서 보관하고 있던 감자를 잘라서 심는답니다. 감자를 오랫동안 방치해 두면 움푹한 부분에서 싹이 나잖아요? 이런 싹 하나하나가 감자 모종이 되는 셈이랍니다. 감자는 줄기로 번식을 하는 식물이기 때문에 화분에서 감자를 키울 때는 큼직한 화분 하나에 1주만 키우는 것이 좋습니다.

중간 크기의 감자를 골라 꼭지 쪽은 조금 잘라 버리고 수직으로 반을 잘라 심습니다. 감자가 좋으면 여러 조각으로 잘라도 되는데, 한 조각에 씨눈이 2~3개 정도 있으면 된답니다. 손질한 감자는 5일 정도 햇볕에 말리면 단면이 단단하게 굳으면서 마르는데, 바로 이것을 심으면 됩니다. 감자를 심을 때는 흙에 퇴비를 섞어주고 감자의 단면이 위로 오게 하여 6~10cm 깊이로 심습니다. 각각의 포기 사이가 30~50cm 정도 되도록 간격을 두고 심으면 좋습니다.

감자 싹이 10cm 정도 자라면 튼튼한 싹으로 2개씩만 남기고 나머지는 뜯어버립니다. 줄기나 잎이 너무 많으면 감자알이 튼실하지 못합니다. 꽃도 따버리는 게 좋습니다.

비료는 줄기가 15cm 정도 자랐을 때 한 번 줍니다. 감자는 비료를 너무 자주 주면 잎만 무성해지기 때문에 주의해야 한답니다. 또 심은 뒤 50일 정도까지는 흙이 마르지 않도록 물을 충분히 주고, 그 이후에는 감자가 전분과 껍질을 생성하는 시기이기 때문에 가급적 물은 주지 않는 것이 좋습니다.

감자 캘 때는 최대한 넓고 깊게 파세요

감자는 줄기와 잎이 누렇게 변하면 수확 시기가 된 것이랍니다. 늦어도 90일 안에 수확 시기가 된답니다. 감자를 캘 때는 감자 줄기를 중심으로 V자 형태로 호미질을 해줍니다. 최대한 깊고 넓게 파야 감자에 상처가 생기지 않는답니다. 자칫 잘못하면 호미 끝에 감자가 찍혀 오래 두고 먹을 수 없거든요.

고구마

고구마는 카로틴과 섬유소, 칼륨이 풍부한 건강식품이랍니다. 아기들에게도 이유식 초기단계부터 안심하고 먹일 수 있습니다. 5개월부터 먹이도록 하세요. 초기엔 삶아서 맑은 국물만 먹이다가 차차 삶은 고구마를 으깨 우유나 장국에 풀어서 묽은 죽처럼 만들어 먹입니다.

엄마가 직접 길러요

고구마도 감자처럼 싹을 심어서 키우는 식물이랍니다. 하지만 줄기가 옆으로 퍼지기 때문에 화분에서는 키우기 어렵습니다. 텃밭은 햇빛이 잘 들고 물 빠짐이 좋은 곳으로 선정하도록 하세요. 물기나 거름이 너무 많으면 썩어버린답니다. 이랑은 40cm 폭으로 만드는데, 가운데 부분이 불룩하게 만들어주면 좋습니다.

고구마는 보통 4월 하순~5월 중순에 심어 10월경에 수확하는데, 종자로 쓸 고구마를 묘상에 파종해서 싹을 틔운 뒤 싹 부분을 잘라 텃밭에 심는답니다. 묘 끝을 1cm 자르고 끝부분을 물에 1시간 정도 담가두었다가 심으면 좋답니다. 뿌리를 빨리 내리기 위해서는 끝부분을 물에 2~3일 정도 담가두었다가 뿌리가 나오기 시작할 때 심기도 한답니다.

고구마를 심을 땅은 10cm 넓이, 5cm 깊이로 파면 적당합니다. 구덩이는 좌우로 20~25cm 정도 간격을 확보해 주어야 한답니다. 구덩이에 물을 뿌린 뒤 고구마 모를 비스듬히 심고 물을 한 번 더 줍니다. 땅만 좋으면 따로 시비를 할 필요도 없이 고구마가 무럭무럭 자라기를 기다리기만 하면 됩니다. 어른들 말씀으로는 강낭콩을 수확한 뒤에 그곳에 고구마를 심으면 잘 된다고 하더군요. 고구마는 4월 하순~5월 중순에 심어 10월경에 수확하는데, 고구마를 캐내면 줄기를 잘라낸 뒤 그대로 몇 시간 방치해 두었다가 흙이 마르면 털어내고 그늘에 보관합니다.

비닐 멀칭을 시도해보세요

고구마 밭에 가보시면 검정색 비닐로 흙을 덮어 준 것은 보셨을 거예요. 바로 비닐 멀칭입니다. 비닐 멀칭을 한 것과 안 한 것은 작황에서 2~3배 정도 차이가 난다고 합니다. 비닐이 보온과 보습기능을 해주기 때문에 가물어도 걱정이 없고, 지온을 상승시켜주기 때문에 제초효과도 좋답니다.

시금치

비타민 A가 풍부하고 철분과 엽산이 많아 아이들에게 좋은 식품이랍니다. 시금치는 질산염 함량이 높아서 생후 6개월 이전의 아기에게는 먹이지 않는 것이 좋습니다. 시금치를 이유식에 활용할 때는 데친 뒤 잘게 썰어서 죽이나 무른 밥에 넣어 먹이고, 12개월 이후에는 고기 등과 함께 볶아서 먹이면 좋습니다.

엄마가 직접 길러요

시금치는 작은 땅에서도 별다른 거름 없이 시도할 수 있는 채소라 발코니에 큼직한 화분을 마련해서 키워보면 좋습니다. 보통 2월 상순~4월 중순이나 7~8월에 파종을 하는데, 1~2월에 심은 것은 벌레가 많아서 7~8월에 심은 것보다 작황이 나쁘답니다. 하지만 겨울에 심은 시금치가 더 연하고 맛이 좋답니다.

시금치는 추위에는 강하지만 더위에는 약한 편이라고 합니다. 파종 시기에 따라 품종이 다르다고 하니 종자를 구입할 때는 알아보고 사야 할 것 같아요. 잘만 되는 1년에 3번까지 수확할 수 있답니다.

시금치는 붉은 빛이 도는 제법 굵은 씨앗을 심어 키우는 작물입니다. 시금치 씨앗은 바로 파종해도 되지만, 껍질이 두껍기 때문에 물에 하루 정도 담가두었다 심으면 더욱 좋답니다. 시금치 씨앗의 껍질이 부드러워졌으면 건져서 말리다가 땅에 놓고 큼직한 함지박 같은 걸로 덮어둡니다. 그러면 오래지 않아 싹이 돋아난답니다. 바로 이때 텃밭에 심으면 되는 거죠.

시금치를 심을 땅은 아주 곱게 갈아주는 것이 좋답니다. 옛 문헌에 보면 시금치는 2일에 심은 것이나 27일에 심은 것이나 모두 다음달 초하루가 되어야 싹이 나온다고 하네요. 아직은 실험을 못해봤지만 정말로 그렇다면 정말 신기한 일이겠죠? 시금치는 처음에 뾰족한 잎이 자라나오는데, 이게 시금치인가 싶을 만큼 우리가 생각하는 시금치와는 다른 모습이랍니다. 하지만 오래지 않아 둥그런 잎이 나오며 즐거움을 배가시킵니다.

촘촘하게 심어서 솎아내세요

시금치는 어릴 때는 오히려 촘촘하게 재배해야 잘 자란답니다. 그러다 시금치가 커가면 솎아주는 거죠. 아주 촘촘하게 심어진 경우에는 싹이 튼 뒤 1주일쯤 지나서 약간 솎아주고, 2주일 무렵에 포기 사이가 4~5cm 정도 되게 솎아줍니다. 본 잎이 6~7장 정도 자랐을 때도 크게 자란 것부터 솎아내면 좋습니다. 이때 솎아낸 것은 먹을 수 있답니다.

토마토

토마토는 항암식품으로 잘 알려져 있습니다. 바로 비타민 C와 라이코펜이 풍부하게 함유되어 있기 때문입니다. 또한 혈관을 튼튼하게 해주는 루틴이 들어 있어 성장기 아이들에게도 좋습니다. 하지만 토마토는 알레르기를 유발할 수 있으므로 12개월 이후부터 주의해서 먹여야 한답니다.

엄마가 직접 길러요

토마토는 땅도 많이 차지하지 않고 별다른 시비도 필요 없기 때문에 발코니에서도 쉽게 키울 수 있는 과채류입니다. 토마토는 2월 상순~3월 상순에 밭을 만들기 시작해서 5월 상순에 모종을 심는데, 석회를 뿌리고 25cm 깊이로 갈아놓으면 아주 좋답니다. 이랑은 110cm 넓이로 준비하여 2줄로 모종을 심습니다. 모종에 물을 준 뒤 꺼내서 물을 주고 얕게 심는데, 토마토 포기 사이에는 50cm 정도 간격을 주면 좋습니다.

모종이 뿌리를 내리고 자리를 잡으면 지주를 세워 나중에 토마토가 쑥쑥 자라면 지주에 묶어 골고루 햇빛을 받을 수 있게 합니다. 하지만 토마토 줄기가 키가 크고 열매 개수가 너무 많으면 열매가 실하지 못하기 때문에 5~6단 정도의 잎 위로 올라온 줄기는 잘라버리는 것이 좋답니다. 토마토는 꽃이 피는 1주기를 1단이라고 하는데, 일반 토마토의 경우 보통 8단까지 꽃이 핀답니다.

또 곁눈을 일찍 따주어야 토마토 열매가 좋아진답니다. 따낸 곁눈은 꺾꽂이를 하면 금세 뿌리를 내려 새로운 줄기로 자라나니 남는 땅이 있다면 추가로 더 심어보도록 하세요. 특히 방울토마토는 곁눈을 2개 정도만 남겨서 기르면 수확량이 많아지니 때를 놓치지 말고 손질을 해주세요.

시비는 6월 상순, 7월 상순, 8월 상순에 발효 퇴비를 흙과 섞어서 주면 됩니다.

품종 선별에도 신경 쓰세요

우리가 흔히 먹는 토마토는 덜 익은 상태에서 수확하기 때문에 다소 맛이 떨어지고 완전히 익었을 때 과육이 쉽게 물러져버립니다. 반면에 완숙계 토마토는 완전히 익은 상태로 수확하기 때문에 맛도 좋고 저장성도 좋습니다. 이유식에 활용할 토마토는 충분히 익은 것이어야 하는데, '모모따로' 계통의 품종을 선택하면 한결 맛있는 토마토를 얻을 수 있답니다.

양파

양파는 혈액 속에 불필요한 지방과 콜레스테롤이 쌓이는 것은 예방하고 치료하는 식품으로 잘 알려져 있습니다. 또한 세균 속의 단백질에 침투하여 살균, 살충 효과를 발휘하기 때문에 이유식에도 사용하면 좋답니다. 이유식에는 생후 6개월 이후에 사용하며, 매운맛이 강한 양파는 10분 정도 물에 담갔다가 사용하면 좋습니다.

엄마가 직접 길러요

양파는 사양토나 식양토처럼 물빠짐이 좋은 땅에서 잘 자란답니다. 양파는 보통 8월 중순~9월 중순에 파종하고 10월 상순~11월 상순에 텃밭에 정식해 겨울을 나게 됩니다. 양파의 종자는 생김새가 파와 무척 비슷합니다. 하지만 파보다 검은색을 띠고 있으며 껍질에 주름이 불규칙하게 많고 배꼽 부분이 움푹 들어가 있습니다.

이 종자를 발아시켜 텃밭에 정식하는데, 적당한 발아 온도는 15~25℃로 온도가 너무 낮으면 발아하는 데 시간이 오래 걸리고 반대로 온도가 너무 높으면 발아가 고르지 못할 뿐 아니라 발아율도 떨어진답니다.

양파의 종자는 햇빛이 없는 어두운 조건에서 잘 발아되는 호암성 종자이지만, 밭에 심은 뒤에는 햇빛의 강도가 낮으면 엽면적의 증가가 적어지고 알도 잘 굵어지지 않는답니다. 재미있는 것은, 기온과 햇볕이 서로 보조적인 역할을 한다는 것입니다. 햇볕을 충분히 받으면 비교적 낮은 온도에서도 양파 알이 실해지지만 햇볕이 부족하면 온도가 비교적 높아야 알이 굵어진답니다.

수확은 주로 이듬해 4월~6월에 하게 되는데, 노지에서 겨울을 나야 하기 때문에 제주를 비롯한 남부 및 내륙지방에서 잘 된답니다. 지역적으로는 추위가 일찍 오는 내륙지방일수록 일찍 심어서 본격적인 추위가 오기 전에 뿌리가 자리를 잡도록 해야 한답니다. 때문에 우리나라에서는 통영과 무안 등지의 양파가 맛이 달고 품질이 좋은 것으로 이름이 나 있습니다.

저온에 건조하게 보관하세요

양파의 저장성을 높이려면 온도와 습도 조절에 신경을 써야 합니다. 양파는 수확 후 30~60일 정도 생리적 휴면을 갖습니다. 이때는 적당한 온도나 습도에서도 싹이나 뿌리가 나지 않습니다. 그러나 양파 알뿌리의 휴면이 끝나고 환경이 고온다습하면 싹이 나기 시작하기 때문에 양파가 갖고 있는 영양성분은 줄어들 수밖에 없습니다. 수확한 지 오래된 양파는 냉장고에 보관해 온도와 습도를 낮춰주는 것이 좋습니다. 또 양이 많을 때는 그물망에 20kg 정도씩 담아 바람이 잘 통하는 서늘한 곳에 두고 먹으면 좋고, 줄기가 남아 있는 것은 4~6개씩 한 묶음으로 엮어 바람이 잘 통하는 곳에 매달아 두고 먹으면 좋습니다.

토란

토란에 함유되어 있는 당질은 녹말이 대부분이고, 덱스트린과 설탕도 들어 있어 토란 고유의 단맛을 낸답니다. 알칼리성 식품인 토란은 자체 열량은 높은 반면 소화를 돕고 변비를 치료, 예방해주는 효능이 있습니다. 이유식에는 12개월 이후에 사용하는 것이 좋은데, 잘게 썰어서 국에 넣으면 좋습니다.

엄마가 직접 길러요

토란은 예부터 구황식물로 활용돼 왔는데, 어린 줄기와 연한 잎을 수시로 따서 먹을 수 있고, 알토란은 국을 끓여먹거나 젖은 종이로 싸서 구워먹었다고 합니다.

토란은 2월에 비가 온 뒤에 씨를 뿌리는데, 대체로 2자마다 한 포기를 심으면 된다고 합니다. 흔히들 토란은 심어놓고 잊어버릴 만하면 싹이 나온다고 합니다. 그만큼 손도 덜 가지요. 게다가 화학비료나 농약 사용이 적어서 비교적 안심하고 먹을 수 있답니다. 뿐만 아니라 단위 수량이 많아 키우는 노력에 비해 수확의 기쁨이 크고, 잎이 아름다워서 볼거리를 만들어준답니다.

토란은 강원도 산간이나 고랭지를 제외하고는 전국적으로 농사를 지을 수 있습니다. 토란은 건조에 약하므로 비닐 멀칭을 하여 재배하는 것이 좋은데, 잎이 워낙 큰 식물이라 자라면서 잎이 비닐 속에 묻히지 않도록 적당한 시기에 비닐을 찢어주어야 한답니다.

전통농법에서는 10월에 길고 뾰족하며 하얀 토란 종자를 가려내어 양지에 구덩이를 파고 겨우내 보관했다 이듬해 3월에 꺼내 비옥한 땅에 심었다고 합니다. 싹이 나와 잎이 3~4개쯤 되고 키가 4~5치쯤 자라면 5월에 물이 가까운 기름진 땅으로 옮겨 심고, 하천 바닥의 진흙과 거름재와 썩은 풀로 거름을 주었답니다.

또한 8월에 토란 싹이 나와서 왕성할 때 호미로 뿌리 옆의 흙을 헤쳐 놓고 위에다 기름진 진흙을 주어 뿌리를 북돋워주면 알이 한결 크고 실해진다고 합니다.

완두콩

다른 콩에 비해 단백질이 20%, 전분이 60% 정도 더 들어 있고, 탄수화물과 비타민 A도 풍부합니다. 이유식에는 6개월부터 이용할 수 있습니다. 처음에는 푹 삶아 으깬 다음 체에 밭쳐 맑은 국물만 받아서 쌀이나 찹쌀과 함께 미음을 끓여 먹이고, 차츰 죽으로 바꾸어 갑니다.

엄마가 직접 길러요

완두는 포기 사이에 20cm 정도 간격을 두고 한두 알씩 심습니다. 흙은 수분을 충분히 머금어 촉촉해야 하고, 아래쪽으로도 20cm 안팎의 흙이 필요하니 화분은 좀 깊이가 있는 것으로 선택해야 합니다. 일주일이면 제법 볼만하게 싹이 올라온답니다. 완두콩 줄기가 20cm 이상 자라면 흙을 북돋워주고 지주를 세워줍니다. 화초용 펜스를 타고 올라가게 하거나 그물 등을 설치해 주어도 좋습니다.

강낭콩

필수 아미노산인 라이신, 로이신, 트립토판, 트레오닌, 레시틴이 풍부하고 비타민 B군이 다량 함유되어 있어 아이들의 성장 발육에 좋은 식품입니다. 6개월 이후부터 이유식에 이용하는데, 처음에는 2시간 정도 불린 다음 푹 끓여서 체에 걸러 국물만 먹이다 아기가 적응하면 죽과 섞어서 먹입니다.

엄마가 직접 길러요

발코니는 노지보다 온도와 습도 조절이 용이하기 때문에 햇볕만 잘 들면 시도해볼 수 있습니다. 강낭콩은 콩과 작물 중 가장 비료를 많이 요구하기 때문에 씨앗을 심기 전에 흙을 뒤섞어 거름을 해주면 좋습니다. 수경재배로 싹을 틔워서 심기도 하지만, 그냥 콩을 심어도 금방 싹이 난답니다. 포기 사이의 간격을 30cm 이상 벌려주어야 잘 자라고, 줄기가 어느 정도 올라오면 덩굴이 감고 올라갈 수 있도록 지주를 세워줍니다.

애호박

애호박은 비타민과 무기질이 풍부하고 당분이 함유되어 있어 활용할 곳이 무척 많은 작물이랍니다. 맛도 부드럽고 소화도 잘 돼 이유식에도 폭넓게 활용할 수 있습니다. 이유식 초기에는 잘게 다져서 무르게 끓인 뒤 국물만 먹이고, 중기에는 잘게 다져서 활용합니다.

엄마가 직접 길러요

2~3cm의 구덩이를 판 뒤 모종을 감싸고 있던 본래의 흙이 떨어지지 않도록 조심스럽게 옮겨 심습니다. 줄기가 자라 잎이 나오면 6개 정도 남기고 웃자란 순을 잘라주면 곁가지가 나온답니다. 곁가지가 너무 많으면 이것도 적절히 정리를 해주세요. 가지가 많으면 수분 손실이 많기 때문에 열매가 충분히 자라지 못하거든요. 햇볕이 잘 드는 곳에 내놓고 충분히 환기를 시켜주어야 수정이 잘 되는데, 인공수분을 할 때는 아침 일찍 수꽃을 따서 암꽃의 암술머리에 꽃가루를 묻혀주면 된답니다.

단호박

카로틴이 풍부하고 단맛이 진하며 소화 흡수가 잘 되어 초기 이유식부터 안심하고 먹일 수 있는 식품입니다. 맛이 좋고 씹는 느낌이 좋아서 아기들도 잘 먹는 이유식 재료 중 하나죠. 이유식 초기에는 찌거나 삶아서 곱게 으깨서 활용하고, 12개월 이후부터는 기름에 볶아서 먹이는 것이 좋습니다.

엄마가 직접 길러요

단호박은 모래흙에서도 잘 자라기 때문에 다른 작물을 키우는 텃밭 가에 심어두면 저 혼자 쑥쑥 자라서 텃밭 주변을 뒤덮는답니다. 따로 순지르기를 하지 않아도 되기 때문에 모종을 사서 텃밭에 옮겨 심을 때 퇴비만 잘 섞어주면 달리 손이 가지 않아도 쑥쑥 자라주니 초보농부에게는 아주 고마운 작물이랍니다. 씨앗을 심을 때는 3월말부터 4월 중순에 밑거름을 주어서 손질한 흙에 심으면 됩니다.

양배추

필수 아미노산인 라이신이 풍부한 양배추는 익히면 단맛이 증가하고 씹기에도 부드러워 아기들이 잘 먹는답니다. 생후 6개월부터 이유식에 이용할 수 있는데, 잘게 다져서 죽이나 수프에 넣으면 좋고, 치아가 나서 씹는 능력이 생기면 부드럽게 데친 뒤 잘게 썰어서 먹입니다. 볶음이나 무침 등으로 만들어 먹여도 좋습니다.

엄마가 직접 길러요

양배추는 품종에 따라 사계절 내내 재배가 가능하지만 서늘한 기후를 좋아하는 호냉성 채소라서 가을재배를 선택하는 것이 좋습니다.

양배추는 물빠짐이 좋은 사질양토나 점질양토로 유기질이 풍부하고 적당한 수분을 가지고 있는 땅에 심는 것이 좋답니다. 생육기간이 비교적 길어 조생품종이라도 100일 이상 자라야 수확을 할 수 있는데, 파종을 해서 싹을 틔운 다음 텃밭에 옮겨 심어도 되지만 이 기간도 만만치 않기 때문에 모종을 사다 심는 것이 좋답니다.

브로콜리

미네랄은 물론 비타민 A와 비타민 C가 풍부한 브로콜리는 익히면 단맛이 나고 향도 좋아서 아이들이 잘 먹는답니다. 생후 5개월부터 이유식에 활용할 수 있는데, 끓는 물에 데친 뒤 잘게 다져서 죽에 넣어 먹이는 것이 가장 좋습니다. 줄기는 억센 섬유질이 많아서 단단하므로 이유식에는 녹색 꽃봉오리만 떼어서 사용해야 합니다.

엄마가 직접 길러요

파종할 때는 준비된 묘상에 충분히 물을 뿌려준 다음, 10~12cm 간격으로 골을 만들고 줄뿌림하거나 3cm 간격으로 씨를 뿌리고 흙을 얇게 덮어줍니다. 18~25℃ 정도로 온도를 유지해주고 묘상이 마르지 않도록 아침마다 물을 주어야 합니다. 새싹이 나오기까지는 2주 정도 걸린답니다. 보통 본 잎이 5~6매 정도 나오면 옮겨 심습니다.

양상추

양상추에는 카로틴과 비타민 C가 풍부하게 함유되어 있답니다. 특히 골격과 치아 형성에 중요한 기능을 하는 칼슘이 풍부하므로 성장기에 있는 아이들에게는 아주 좋은 식품입니다. 특히 치아가 나오기 시작하는 이유기 아이들에게는 반드시 필요한 식품이죠. 양상추에는 철분도 다량 함유되어 있어 혈액을 늘리는 작용도 한답니다. 이유식에는 생후 10개월 이후에 사용하는 것이 좋습니다.

피망

비타민이 풍부해 성장기 어린이에게 좋은 식품으로, 신진대사를 활발하게 해 몸속을 깨끗하게 해준답니다. 피망은 비타민 A와 비타민 C가 풍부한 것으로 명성이 높은데, 그중에서도 비타민 C는 레몬과 비교해도 뒤지지 않는 수준이랍니다. 그 외에 비타민 B_1, B_2, D, P와 식물성 섬유, 철분, 칼슘도 풍부한 영양의 보고랍니다. 이유기 아기들의 면역력을 증강하기 위해서는 다양한 조리법을 활용해 꼭 피망을 챙겨 먹이도록 하세요. 이유식에는 12개월 이후부터 사용할 수 있답니다.

파프리카

비타민 A와 비타민 C가 많이 함유되어 있고 카로틴도 풍부합니다. 파프리카는 피망을 개량하여 만든 것으로 갖가지 아름다운 색깔을 띠고 있으며, 색깔이 예뻐서 음식의 다양한 색깔을 낼 때 사용하면 아주 좋답니다.

각각의 색깔에 따라 영양성분도 조금씩 다르답니다. 빨간 파프리카는 암과 관상동맥증을 예방하고, 성장기 아이들의 성장을 촉진하며 면역력을 증강해주는 효능이 있습니다. 주황색과 노란 파프리카는 감기를 예방하고, 피부의 탄력을 지켜주는 것으로 알려져 있습니다. 또한 초록색 파프리카에는 유기질이 풍부하게 함유되어 있어 비만 치료에 효과가 있고, 철분이 풍부하여 빈혈 예방에도 좋답니다. 이유식에는 12개월 이후에 사용하는 것이 좋습니다.

들깨

들깨는 조혈작용이 아주 뛰어난 식품으로 성장기 어린이나 회복기 환자에게 아주 좋은 식품이랍니다. 고급 불포화 지방산을 함유하고 있는데, 풍부한 식물성 지방이 혈관의 노화를 방지해 주고, 성인병 예방이나 천식 증상을 완화하는 데도 도움을 준답니다. 변비 개선에도 탁월한 효능을 갖고 있어 배변이 원활하지 않은 아이들에게 적용하면 좋습니다. 이유식에는 12개월 무렵 활용이 가능한데, 탕을 끓일 때 들깨즙으로 맛을 내면 훨씬 고소하답니다.

표고버섯

아미노산과 탄수화물, 섬유소가 풍부하며 자연 치유력을 높여주고 항암효과와 항바이러스 효과가 있습니다. 말린 표고버섯은 생 표고버섯보다 비타민 D가 더 풍부하기 때문에 말린 표고를 준비해 두었다가 물에 불려서 사용하면 좋답니다. 또 생 표고버섯을 사다 얇게 썰어서 바람이 잘 통하는 그늘에서 말려 냉동실에 넣어두고 먹으면 편리합니다. 이유식에는 생후 10개월부터 이용이 가능한데, 잘게 다져서 죽에 넣어 부드럽게 끓이거나 다른 재료와 함께 볶아주어도 좋습니다.

팽이버섯

각종 아미노산과 비타민이 풍부한 식품입니다. 손질하기 쉽고 씹는 질감도 좋아서 다양한 요리에 활용할 수 있습니다. 면역력을 높여주고, 두뇌 발달에 좋은 성분들이 들어 있어 이유기 아기들에게도 활용도가 높답니다. 생후 8개월부터 이유식에 활용할 수 있는데, 잘게 썰어서 죽이나 된장국 등에 넣어주면 자연스럽게 먹일 수 있습니다. 달걀, 감자 등의 재료와 섞어서 부침을 만들어 간식으로 주면 아이들이 무척 좋아한답니다.

비트

이유식에 붉은빛을 더할 때는 비트만한 채소가 없답니다. 비트에는 엽산이 다량 함유되어 있으며, 칼륨, 칼슘 그리고 베타시아닌이라는 천연 산화방지제까지 포함되어 있는 건강식품입니다. 비트는 쌉싸레한 잎을 쌈 채소로 먹는데, 여기에는 철분, 비타민 A, 엽산, 칼슘이 뿌리보다 훨씬 더 많이 포함되어 있다고 합니다. 비트는 섬유소가 풍부해 아기의 배변이 원활하지 않을 때 이유식에 넣어주면 좋답니다. 이유식에는 6개월 이후 활용할 수 있습니다.

쌀

쌀은 에너지원인 당질이 가장 많으면서 알레르기를 일으키지 않기 때문에 이유식 초기부터 안심하고 먹일 수 있는 식품입니다. 거의 모든 아기들이 첫 이유식으로 쌀 미음을 먹는답니다. 이유식 초기인 생후 5개월부터 먹이는데, 불린 쌀을 10배의 물과 함께 푹 끓인 뒤 체에 걸러 미음 상태로 먹이다가, 아기가 커감에 따라 점차 농도를 진하게 해서 먹이면 된답니다. 8개월부터는 2mm 크기의 알갱이가 살아 있는 죽을 만들어 먹이고, 12개월부터는 밥보다 좀 질게 끓여서 먹이면 됩니다.

더 자세한 정보는 농진청에서 얻으세요

농촌진흥청 홈페이지(www.rda.go.kr)의 '농사짓는기술' 메뉴를 방문해보세요. 텃밭에서 기를 수 있는 여러 가지 작물에 대해 전문가들이 연구해 놓은 다양한 정보가 준비되어 있답니다. 회원가입 없이 마음 편히 볼 수 있으니 즐겨찾기 해두고 자주 들러서 공부하세요.

찹쌀

찹쌀은 소화가 잘 되고 위벽을 부드럽게 감싸 위산이나 음식으로 인한 자극을 줄여주기 때문에 위를 편안하게 해주는 대표적인 식품으로 알려져 있습니다. 단백질과 지질 외에 인과 칼슘도 풍부해 영양적으로 좋답니다. 알레르기 요인이 없어 멥쌀, 현미 등과 더불어 이유식 초기부터 활용할 수 있습니다.

초보농부를 위한 텃밭농사달력

품종	씨뿌리기	옮겨심기	거두기	연작피해	혼작작물	윤작작물
벼	4월 하순, 5월 초순	5월 하순, 6월 초순	10월 초순, 10월 중준	없음	콩	밀, 보리, 마늘, 양파, 딸기
밀, 보리	10월 중·하순		6월 중·하순	없음		벼, 조, 수수
조, 수수	6월 중순, 7월 중순		9월 초순~10월 초순	없음	고추	밀, 보리, 양파, 감자, 딸기, 강낭콩
콩	6월 초순, 7월 초순		10월 하순 이후	없음	옥수수, 가지, 보리, 밀, 감자	토마토, 양파
옥수수	4월 초순, 5월 초순		7월 하순 이후	없음	콩, 호박, 감자	밀, 보리
감자	3월 중·하순		6월 하순	없음	콩, 옥수수	양파, 딸기
고구마	3월 중·하순	5월 초순, 6월 중순	10월 중·하순	없음	옥수수	밀, 보리, 양파, 마늘
배추	8월 초순	9월 초순	11월 중·하순	없음	갓, 무, 양배추	콩, 조, 수수
무	8월 중·하순		11월 중·하순	없음	배추, 갓, 목화, 메밀	목화
고추	2월 하순, 3월 초순	4월 하순, 5월 초순	6월 초순 이후	없음	들깨, 수수	양파, 마늘
오이	4월 초순, 5월 초순	5월 초순, 5월 하순	6월 초순 이후	없음	참외, 수박, 호박	참깨, 들깨, 시금치, 상추, 마늘
호박	3월 하순, 4월 초순	4월 하순, 5월 초순	6월 이후	없음	옥수수	마늘, 양파, 수수, 상추, 시금치, 쑥갓
시금치	4~5월, 9~10월		5~6월, 10~3월	없음	쑥갓, 상추	마늘, 양파, 수수, 호박
갓	3월 하순, 9월 하순	4월 하순, 5월 초순	5월 하순, 11월 초순	없음	무, 배추	들깨, 콩
상추	3월 중·하순, 9월 중·하순	5월 중·하순, 10월 중·하순	7월 초·중순, 12월 초·중순	없음	쑥갓, 시금치, 마늘	호박, 마늘, 양파, 조, 수수

품종	씨뿌리기	옮겨심기	거두기	연작피해	혼작작물	윤작작물
쑥갓	3~4월, 9~10월		5월 하순, 11월 초순	없음	상추, 시금치	호박, 마늘, 양파, 수수 ,조
알토란	4월 중순	10월 중·하순		3~4년 윤작	머위	머위
가지	3월 하순~5월 초순	4월 하순~5월 초순	6월 하순 이후	2년 가능	콩	마늘, 양파
들깨	4월 중·하순	5월 중·하순	10월 중·하순	없음	고추, 배추	마늘, 밀, 보리
대파	3월 중·하순, 9월 중·하순	7월 초·중순, 11월 초순	9월 중순, 3월 중순	2년 윤작	토마토	고추, 가지
쪽파	9월 초순		10월 중순 이후	없음	무, 배추, 갓, 알타리	감자, 토마토, 가지, 고추
양파	8월 하순~9월 초순	10월 하순~11월 초순	6월 초순 이후	없음	밀, 보리	수수, 시금치, 쑥갓, 상추
마늘	10월 초·중순		6월 중순	2년 윤작	양파	들깨, 콩, 벼
생강	4월 하순		10월 중·하순	2년 윤작	양파	밀, 보리
부추	3월 중·하순, 9월 중순	7월 초순, 5월 하순	4~11월	5년 윤작		
참깨	5월 초·중순		8월 하순~9월 초순	없음	수박, 토마토, 참외	양파, 마늘, 밀, 보리
수박	4월 중·하순	5월 중·하순	8월 상순	2년 윤작	참외, 토마토, 감자, 오이	양파, 마늘, 시금치, 상추
참외	4월 초·중순	5월 중·하순	7월 중순	2년 윤작	수박, 토마토, 오이, 감자	파, 참깨
토마토	4월 초·중순	5월 중·하순	7월 초순	2년 윤작	대파, 참외 , 수박, 오이	밀, 보리, 양파, 마늘
홍화	3월 하순		8월 초순	없음	목화	무, 배추, 갓, 마늘, 밀, 보리

더욱 풍부한 맛을 만드는 과일과 견과류

사과 사과는 포도당과 과당이 풍부하고 소화 흡수가 잘 되는 과일입니다. 또한 펙틴이 풍부하여 장운동을 촉진시키기 때문에 변비가 있는 아기에게 좋답니다. 5개월 이후부터 이유식에 활용할 수 있는데, 초기에는 과즙을 내서 물과 희석하여 먹이고 8개월부터는 2mm 정도로 잘게 다진 다음 죽에 넣거나 무르게 익혀서 수저로 떠먹입니다. 10개월부터는 숟가락으로 긁어서 먹이고, 15개월부터는 5mm 크기로 잘라서 먹이면 된답니다.

배 단맛이 강한 알칼리성 식품인 배는 변비에 좋고 수분이 많아 이뇨작용을 원활하게 해줍니다. 이유식 초기부터 먹여도 안전한 식품으로, 특히 과즙 속에 소화효소가 풍부하여 변비가 있는 아기에게 좋답니다. 초기에는 강판에 갈아서 체에 거른 뒤 과즙만 받아 같은 양의 물에 희석하여 먹이는 것이 좋습니다. 8개월 이후에는 강판에 갈아서 먹이는데, 큰 덩어리는 다시 잘게 다져서 먹여야 합니다. 10개월 이후에는 강판에 곱게 갈아서 먹이고, 12개월 이후에는 숟가락으로 긁어주거나 잘게 다져서 아기가 숟가락으로 떠먹을 수 있도록 합니다.

바나나 당질이 풍부하고 칼로리가 비교적 높은 편입니다. 부드럽고 단맛이 진한 바나나는 아기들이 특히 좋아하는 과일이죠. 5개월부터 이유식에 활용할 수 있는데, 초기에는 익힌 다음 강판에 갈아서 덩어리가 없게 해서 조금씩 먹이고, 8개월부터는 약간 거칠게 갈아 먹이거나 수저로 으깨 먹이면 됩니다.

딸기 딸기는 과일 중에서도 비타민 C가 풍부한 것으로 명성이 높습니다. 하지만 알레르기를 일으키는 대표적인 식품이므로 주의해서 먹여야 합니다. 이유식에는 13개월 이후부터 활용하는 것이 좋습니다. 딸기는 조직이 무르기 때문에 숟가락으로 긁어서 떠먹인 다음 아기의 반응을 지켜보고, 이상이 없으면 하루 4알 정도 먹이면 됩니다. 딸기는 신맛이 많은 것보다 잘 익어서 단맛이 강한 것이 좋으며, 과당이 많기 때문에 먹인 다음 꼭 양치를 시켜야 한답니다.

수박 수분과 당분이 많아 피로회복에 좋은 과일이 바로 수박입니다. 수박은 시원하게 먹어야 제 맛이지만 아기에게는 너무 차게 먹이지 않도록 하세요. 5개월부터 이유식으로 활용할 수 있는데, 강판에 갈아서 가제수건으로 과즙을 짠 다음 물과 1:1 비율로 희석해서 1작은술 정도 먹인 다음 양을 조금씩 늘려 가면 된답니다. 8개월부터는 잘게 다지거나 강판에 갈아서 먹이고, 12개월 이후에는 막대 모양으로 썰어서 아기 손에 쥐어주어 직접 먹을 수 있도록 하는 것이 좋습니다.

감귤 비타민 C가 풍부해서 감기 예방에 좋은 과일입니다. 하지만 알레르기를 일으킬 수 있으므로 9개월 이후에 먹이는 것이 좋습니다. 감귤은 바로 먹이기보다 과즙과 물을 1:2 비율로 섞어 1/2큰술 정도 먹인 다음, 아기의 상태를 봐가면서 양을 늘려 갑니다. 10개월부터는 속껍질을 벗기고 속에 든 알맹이를 먹이면 됩니다.

밤 밤에는 소화가 잘 되는 양질의 당질이 포함되어 있으며, 위장 기능을 강화하는 효능이 있습니다. 성장 발육기에 있는 아기가 이유식으로 먹으면 살이 토실토실 찐다는 얘기가 있으니 허약한 아기에게 시도해 보면 좋을 것 같습니다. 밤 속

에는 칼슘, 철, 나트륨 등의 무기질이 골고루 들어 있으며 비타민 B₁도 많이 들어 있답니다.

호두 호두에는 비타민 B₁과 비타민 E가 풍부하게 함유되어 있어 혈액순환을 도와주고, 피부와 머리카락에 영양을 공급해준답니다. 단백질이 고기보다 풍부해서 아기들에게는 아주 좋은 식품입니다. 12개월 이후부터 이유식에 활용할 수 있는데, 속껍질을 벗기고 갈아서 밥에 넣어 먹이거나 채소와 함께 샐러드를 만들어 먹여도 좋답니다.

한 가지 알아둘 점은, 호두는 손질 과정에서 먼지가 많이 들어가기 때문에 먹기 전에 씻어주어야 한다는 것입니다. 흔히들 마른 식품을 씻어서 쓴다는 생각은 잘 안하는데, 호두 속껍질을 벗기기 위해 뜨거운 물에 담그면 더러운 불순물이 잔뜩 올라오는 것을 볼 수 있답니다. 조리하기 전에 재빨리 두세 번 씻어내고 뜨거운 팬에 살짝 볶아주면 금방 마르니까 꼭 한 번 해보세요. 아기 이유식에 넣을 거라면 특히 더 신경 써야 하잖아요?

은행 단백질, 탄수화물, 지방, 카로틴, 비타민 C 등이 함유되어 있는 은행은 감기 예방에 효과가 있는 것으로 알려져 있습니다. 11개월 이후부터 이유식에 활용하는데, 잘게 다지거나 믹서에 갈아서 죽 또는 밥에 넣어서 먹이는 것이 가장 좋습니다. 물을 붓고 끓여서 국물을 마시게 하는 것도 좋은 방법입니다. 처음에는 한 알 정도 먹이고, 2세까지는 하루에 2알 이상 먹이지 않는 것이 좋습니다.

딸기, 엄마가 직접 길러요

딸기는 아주 작은 땅에서도 시도해볼 수 있는 작물이라 초보농부에게는 아주 좋은 과일이랍니다. 꽃집에서도 모종을 팔기 때문에 부담 없이 시작할 수 있습니다. 잎도 보고, 꽃도 보고, 과일도 먹을 수 있으니 일석삼조라고 할 수 있죠. 딸기 모종을 사오면 질 좋은 배양토를 사용해서 큼직한 화분으로 옮겨 심고 햇볕이 잘 드는 곳에 자리를 잡습니다. 그리고는 흙이 마를 때마다 물을 듬뿍 주면 잎이 쑥쑥 커지고 꽃이 피고 열매가 맺는답니다. 딸기는 번식력이 왕성해서 모종 1개를 10그루까지 늘릴 수도 있답니다. 긴 줄기가 나오면 흙 속에 살짝 묻어주기만 하면 되니 간단하죠. 게다가 다년생이니 겨울만 잘 나면 두고두고 딸기를 먹을 수 있답니다. 딸기는 서늘한 곳에서 자라야 꽃눈이 잘 맺기 때문에 겨울에도 얼지 않을 정도로만 관리해주면 됩니다.

성장기 아기에게 꼭 필요한 육류

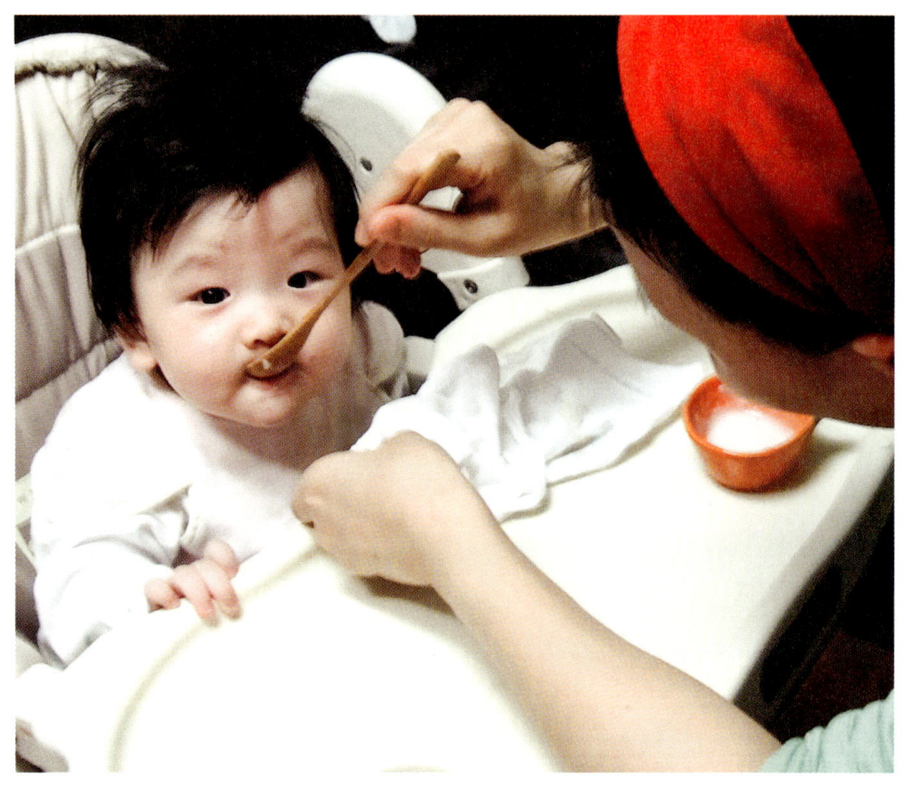

쇠고기 성장에 필요한 필수 아미노산과 단백질이 듬뿍 함유되어 있습니다. 아기가 태어날 때 엄마로부터 갖고 나온 철분이 생후 6개월 무렵이면 소진되므로 이때부터는 이유식을 통해 반드시 철분을 공급해주어야 한답니다. 철분이 풍부한 대표 식품이 바로 쇠고기 살코기입니다. 쇠고기는 육수나 지방이 적은 안심으로 준비해서 6개월부터 먹이도록 하세요.

돼지고기 돼지고기에는 필수 지방산도 많고 비타민 B₁도 다른 육류보다 훨씬 풍부하게 들어 있답니다. 생후 11개월부터 이유식으로 활용할 수 있습니다. 살코기를 다지거나 갈아서 볶음이나 무침, 완자 등으로 만들어 먹이면 좋습니다. 하지만 알레르기를 일으킬 수 있으니 아기가 유난히 민감하다면 조금 늦게 시작하는 것이 좋겠지요?

닭고기 필수 아미노산과 단백질이 풍부하고 지방이 적어 육질이 연한 것이 닭고기의 매력입니다. 필수 아미노산과 단백질은 성장에 꼭 필요한 필수 영양소이기 때문에 이유식에 다양하게 활용해보세요. 닭고기는 소화흡수가 잘 되기 때문에 다른 고기보다 안심하고 먹일 수 있답니다. 6개월부터 이유식에 활용할 수 있는데, 안심이나 가슴살 같은 살코기로만 골라 먹이는 것이 좋습니다.

달걀 달걀에는 필수 아미노산인 라이신, 메티오닌, 트립토판 등이 골고루 들어 있어 단일식품으로는 영양이 가장 뛰어나답니다. 노른자는 6개월부터 이유식에 이용하고, 흰자는 알레르기 요인이 있기 때문에 15개월부터 먹이는 것이 좋습니다. 처음에는 노른자를 완숙으로 삶아서 고운 체에 내린 다음 죽에 섞어서 먹이는데, 한번에 노른자 1/4개 분량만 먹이고 월령이 많아질수록 양을 조금씩 늘리는 것이 좋습니다.

달걀은 가급적 유정란을 사용하는 것이 좋습니다. 전통 방식으로 닭을 키운 방사 유정란이라면 더욱 좋겠죠. 일반 달걀에 비해 가격은 비싸지만 달걀이 갖고 있는 생명력과 영양은 분명 차이가 있답니다. 음식을 할 때도 달걀을 깨보면 무정란과 유정란은 노른자의 색깔이나 탱글탱글한 정도가 전혀 다른 것을 알 수 있습니다. 물론 신선도도 중요하지요. 달걀을 고를 때는 유통기한 외에 산란일자도 꼭 챙기도록 하세요.

고기를 금하는 이유식의 위험성

이유식은 전문가마다, 엄마들마다 견해에 조금씩 차이가 있습니다. 하지만 아기가 건강하게 자라기 위해서는 모든 식품을 골고루 잘 먹는 것이 기본이랍니다. 그런데 일부 육식의 불필요성을 강조하는 이유식 식단을 무비판적으로 따랐다 아기가 철분 결핍으로 빈혈이 생기는 경우가 종종 있답니다. 특정 식품에 대해 알레르기가 있다면 어쩔 수 없이 대체 식품을 찾아야 하겠지만, 그 외의 경우에는 다양한 재료로 다양한 질감과 영양을 제공해주어야 한답니다. 쇠고기와 닭고기는 비교적 안전해 다른 육류 알레르기에 대한 대체식품으로 활용할 수 있는 식품이랍니다. 또 쇠고기와 닭고기 모두 잘 먹지 않는다면 흰살생선을 충분히 섭취하게 하여 영양균형을 맞춰주어야 한답니다.

미각과 지능을 발달시켜주는 어류와 해산물

대구 이유식에 활용하는 흰살생선의 대표주자가 바로 대구입니다. 대구는 살이 많고 지방이 적으며, 소화가 잘 되고, 맛도 담백하거든요. 또한 단백질이 풍부하여 아기들에게 아주 좋은 식품입니다. 흰살생선은 대개 비린내가 적고 알레르기가 없기 때문에 6개월 이후부터 먹일 수 있습니다. 잘게 다져서 죽에 넣어 먹이는 것이 가장 쉬운 방법인데, 오래 끓이면 살이 부드러워져서 아기들이 잘 먹는답니다.

고등어 단백질과 지질이 풍부하고 두뇌발달을 도와주는 DHA와 EPA가 많이 들어 있는 고등어. 아이들의 성장 발달에 아주 좋은 식품이지만, 알레르기를 일으킬 수 있으므로 이유식에서는 12개월 이후부터 활용하는 것이 좋습니다. 소금에 절인 자반 고등어는 사용해서는 안 되며, 신선하고 소금 간을 전혀 안한 생 고등어를 활용해야 합니다. 하지만 고등어 자체의 비린내가 강하기 때문에 아기들이 거부할 수 있답니다. 잘 익혀서 살만 발라내서 먹이세요.

연어 연어에는 양질의 비타민 A와 비타민 D가 풍부하게 들어 있습니다. 단백질과 지방, 두뇌발달에 좋은 DHA도 풍부하고요. 이유식에는 생후 8개월부터 활용할 수 있습니다. 아기가 아토피성 피부염이 있다면 돌 이후에 먹이는 것이 좋습니다. 연어는 살코기로만 골라서 잘게 다진 뒤 당근, 양파 같은 채소와 함께 죽을 끓여 먹이는 것이 가장 쉽습니다. 12개월부터는 보다 다양한 조리법을 시도해볼 수 있는데, 잘게 다져 찜이나 구이, 볶음 등으로 만들어 먹이면 좋습니다.

오징어 오징어는 지방은 거의 없는 반면, 질 좋은 단백질이 풍부해 아주 좋은 단백질 공급원이 됩니다. 단백질 함유량은 생선이나 조개류 등과 비슷하답니다. 11개월 이후부터 이유식으로 이용할 수 있는데, 소화가 잘 안 되므로 아주 잘게 다지거나 갈아서 죽이나 밥에 넣어서 조리하는 것이 좋으며, 감자 등의 채소와 함께 끓여서 먹이는 것도 좋습니다.

새우 지방은 적고 단백질과 칼슘이 풍부한 식품입니다. 또한 인, 요오드, 철분, 비타민 등이 풍부해 성장기 아이들에게 아주 좋습니다. 흰살새우는 8개월부터, 분홍살새우는 12개월 이후부터 먹이는 것이 좋습니다. 또한 새우는 알레르기를 일으킬 수도 있으므로 조금씩 주의를 기울이며 먹여야 합니다. 새우를 조리할 때는 데치거나 찐 뒤 잘게 다져서 먹이고, 충분히 씻어 염분을 없앤 다음 조리해야 합니다. 마른 새우는 분쇄기에 갈아서 밥을 지을 때나 무침, 볶음 등에 넣어주면 좋습니다.

꽃게 필수 아미노산이 풍부해 이유식으로 아주 좋은 식품이랍니다. 또한 저지방, 고단백 식품이라 아기들의 단백질 공급원으로도 활용도가 넓습니다. 하지만 알레르기를 일으킬 우려가 있으므로 주의가 필요합니다. 게를 삶아낸 국물은 10개월 이후부터, 게살은 12개월 이후부터 먹이는 것이 좋습니다. 별다른 조리 없이 찌거나 삶아서 살만 발라 먹여도 좋고, 국물을 내서 국이나 수프, 밥을 할 때 넣어도 좋답니다.

미역 칼슘이 풍부해서 뼈와 치아 건강에 좋은 식품입니다. 요오드도 풍부하고 피를 맑게 하는 작용을 하는 것으로 알려져 있습니다. 미역을 이유식에 사용할 때

는 반드시 물에 충분히 씻어 염분을 제거한 다음 조리해야 한답니다. 7개월 이후부터 이유식에 이용할 수 있으며, 국을 끓이거나 잘게 썰어 죽, 밥, 볶음, 무침 등에 넣어 이용하면 됩니다.

다시마

칼슘과 요오드가 풍부하고 다시마 특유의 감칠맛을 내주는 글루탐산도 많이 함유되어 있습니다. 다시마는 7개월부터 이유식에 활용할 수 있습니다. 다시마 국물을 죽이나 수프 등을 끓일 때 넣고, 어금니가 나오면서 씹는 능력이 생기면 잘게 썰어서 무침이나 볶음 등으로 만들어 먹이면 좋답니다.

대합

대합은 지방은 적은 대신 질 좋은 단백질이 풍부하게 함유되어 있는 식품입니다. 당분도 풍부하여 소화도 잘 되기 때문에 이유식 활용 폭도 크답니다. 대합 국물은 10개월 이후부터, 대합 살은 12개월 이후부터 먹이는 것이 좋습니다. 국물은 죽이나 수프에 활용하면 좋고, 살은 잘게 다져서 밥에 넣거나 무침, 볶음 등에 이용하면 좋답니다.

모시조개

완전식품으로 알려진 달걀에 버금갈 정도로 단백질의 함량이 풍부한 식품입니다. 그 밖에 타우린, 철분, 칼슘, 아연, 비타민 B_1, 비타민 B_2도 풍부하게 들어 있어 이유식에 활용하면 아주 좋답니다. 조개 국물은 10개월 이후부터, 조갯살은 씹는 능력이 발달하는 12개월 이후부터 먹이세요. 진밥이나 무른 밥을 지을 때 물 대신 조개 육수를 넣거나 조갯살을 잘게 다져서 쌀과 섞어 밥을 지으면 좋답니다.

조개 해감 제거하기

조개의 해감을 제거할 때는 소금물에 담가놓는 게 기본이잖아요? 그래도 아기 먹일 건 좀 불안합니다. 이럴 때는 조개를 한 번 삶아 건지는 것도 방법이랍니다. 소금물에 담갔다가 씻어낸 조개를 살짝 끓여서 건져내고 국물을 가라앉혀서 맑은 국물만 따라서 쓰는 거죠. 이렇게 이중으로 방비를 해놓으면 해감 걱정 없답니다.

이유식에 활용할 만한 기타 가공식품

두부 두부는 글리시닌과 알부민을 풍부하게 함유하고 있어 콩보다 소화 흡수가 잘 된답니다. 이유식에는 7개월 이후에 활용하는 것이 좋습니다. 두부를 먹일 때는 순두부나 연두부부터 시작하는 것이 좋습니다. 죽과 함께 섞어서 먹이기 시작하여 10개월 이후에는 단단한 두부를 잘게 다져서 국이나 무른 밥에 넣어 먹이면 된답니다. 15개월 이후에는 채소에 두부를 버무려 먹이거나 밥과 섞어서 먹이는 등 다양한 조리가 가능해집니다.

식빵 빵은 아이들에게 즐거움을 주는 음식 중 하나입니다. 이유식을 만들 때도 식빵이 종종 활용되는데, 완료기에 이르면 샌드위치나 카나페 등의 형태로 이용하면 좋습니다. 식빵은 얼핏 보기에는 별 차이가 없어 보이지만 버터나 우유, 옥수수 같은 재료가 첨가된 것도 있고, 아무런 첨가물이 없는 순수한 밀가루 식빵도 있답니다. 용도에 따라 선택적으로 사용하면 되지만 통밀이나 호밀로 만든 빵을 선택하면 더욱 좋습니다.

스파게티 아기에게 먹일 스파게티는 충분히 삶아서 푹 무르게 준비해야 합니다. 보통 스파게티를 할 때 10~12분 정도 끓인다면 이유식용은 15~20분 정도 끓여야 물러진답니다. 또한 스파게티 면을 삶을 때 보통은 소금으로 간을 한 물에 면을 넣고 삶지만 아기를 위한 스파게티에는 간을 해서는 안 된답니다.

우동 우동은 면발이 굵어서 아기들이 손으로 집어먹을 수도 있고, 면발이 부드러워 씹기도 좋답니다. 시기적으로는 완료기 이후에 먹이는 것이 좋습니다. 시중에는 닭가슴살이나 채소 등과 함께 섞어서 만든 이유식이 나와 있지만 무방부제라고는 해도

장기 보존 식품이 좋을 리 없답니다. 그리고 아기가 한꺼번에 먹는 양에도 한계가 있기 때문에 아주 조금만 직접 만들어서 먹이도록 하세요.

쌀국수 이유식에 쓸 쌀국수를 삶을 때는 충분히 불려서 삶아야 한답니다. 쌀국수도 완료기에 접어들어서 먹이는 것이 좋습니다. 아기가 치아가 생겼다 하더라도 아직은 씹는 능력이 완전하지 않기 때문에 잘게 잘라주어야 하고, 밀가루 국수보다 쫄깃하기 때문에 천천히 먹도록 이끌어주세요. 국수를 좋아하는 아이라면 밀가루 국수만 먹이지 말고 쌀국수와 교대로 해주는 것이 좋답니다.

이유식용 치즈 고르기

일반 가정에서 가장 흔히 먹는 치즈는 슬라이스 치즈입니다. 아이들도 좋아하는 간식이죠. 그런데 이 치즈에 생각보다 염분이 많이 들어간답니다. 염분을 자제해야 하는 아기들에게는 좋지 않죠. 이유식에 활용하는 치즈는 반드시 유아용 무염치즈라야 합니다. 치즈 자체의 맛보다는 첨가물이나 염분 등이 최소한으로 들어간 건강한 치즈로 선택하는 것이 좋습니다.

치즈 아기들의 영양 간식으로 사랑받고 있는 치즈는 단백질, 칼슘, 인, 미네랄, 비타민 A가 풍부하여 성장 발육에 아주 좋은 식품이랍니다. 특히 치즈에 들어 있는 단백질은 소화가 잘 되기 때문에 부담 없이 먹일 수 있죠. 치즈는 8개월 이후부터 이유식에 활용할 수 있습니다. 처음에는 죽에 넣어서 완전히 녹여 먹이는 것이 좋고, 12개월 이후에는 잘게 썰어서 진밥에 섞어서 먹이면 됩니다.

플레인 요구르트 요즘은 과일이나 당분이 전혀 안 들어간 내추럴 요구르트가 마트에 나와 있습니다. 하지만 가격이 비싸고 다양한 첨가물이 들어가 있어 안심하기는 어렵답니다. 아기가 있는 집에서는 발효기를 하나쯤 마련해두고 엄마가 직접 요구르트를 만들어 먹이는 것이 좋습니다. 발효기를 구입할 때는 통이 유리로 되어 있는 제품을 선택하면 환경호르몬에 대한 걱정을 덜 수 있답니다.

한눈에 보는 아기의 발달단계별 이유식 재료

이유식 재료는 아기의 발달단계에 따라 달라집니다. 알레르기 발생 여부와 소화능력에 맞춰 단계별로 선택하세요. 어떤 재료건 너무 서두르지 말고 아기의 반응을 살펴 가면서 활용하는 것이 좋습니다.

발달단계		초기		중기		후기			완료기	
분류	식품	5개월	6개월	7개월	8개월	9개월	10개월	11개월	12개월	둘 이후
채소 및 가공품	감자									
	고구마									
	당근									
	오이									
	시금치									
	애호박									
	단호박									
	토란									
	무									
	얼갈이배추									
	양배추									
	브로콜리									
	토마토									
	완두콩									
	강낭콩									
	표고버섯									
	두부									
과일 및 견과류	배									
	사과									

발달단계		초기		중기		후기		완료기	
분류	식품	5개월	6개월	7개월	8개월	9개월	10개월	11개월	12개월	돌 이후
과일 및 견과류	바나나									
	딸기									
	수박									
	감귤									
	호두									
	밤									
	은행									
육류 및 유가공품	쇠고기									
	돼지고기									
	닭고기									
	달걀			노른자						흰자
	치즈									
	플레인 요구르트									
어패류 및 해조류	대구									
	고등어									
	연어									
	오징어									
	대합						육수		살	
	모시조개								육수	살
	새우				흰살				분홍살	
	꽃게						육수		살	
	해조류									

초기 이유식
생후 5~6개월

Part 3

드디어 아기가 이유식을 시작하게 되었습니다. 우리 아기가 엄마 젖 외에 세상에서 처음으로 맛보는 음식으로 무엇을 준비해줄까 엄마들은 고민에 빠집니다. 혹시라도 엄마가 잘못해서 아기의 건강이 나빠지지는 않을까, 엄마가 만든 음식을 아기가 좋아할까…… 하지만 염려하지 마세요. 엄마가 직접 키운 신선한 채소와 깨끗하고 정성스럽게 만든 음식이라면 어떤 것이라도 아기는 좋아할 거예요.

초기 이유식에 대해 꼭 알아야 할 것들

이유식은 보통 생후 5~6개월 무렵에 시작합니다. 모유나 분유가 아닌 음식을 처음으로 섭취하는 것이 바로 이때입니다. 그러나 생후 5개월이 되었다 하더라도 모든 아기들이 이유식을 시작하는 것은 아닙니다. 아기마다 발달 속도가 다르기 때문이죠. 우리 아기의 월령별 발달 상태를 잘 살핀 뒤 이유식을 시작하는 것이 좋습니다.

advice 1 재료와 조리법

첫 이유식은 쌀로 만든 묽은 죽 이유식을 처음 시작할 때 먹는 음식은 쌀죽입니다. 이때 쌀과 물의 비율은 1:10으로 잡아, 아주 묽은 죽을 만들어야 합니다. 쌀은 맛이 담백하여 쉽게 먹일 수 있고, 알레르기를 일으키기 쉬운 단백 성분인 글루텐도 없기 때문에 모든 아기들에게 적용할 수 있답니다.

다양한 채소로 영양 보완하기 아기가 10배 죽에 익숙해지면 이제 여기에 채소를 한 가지씩 넣어가며 이유식을 만들어볼 차례입니다. 다양한 재료를 먹이려 욕심내지 말고, 새로운 재료를 첨가할 때는 적어도 2~3일 정도 지켜보면서 알레르기 반응 유무를 살펴야 한답니다. 처음에 시도해볼 만한 채소로는 감자, 호박, 양배추, 브로콜리, 완두콩, 강낭콩, 고구마 등을 들 수 있습니다. 단, 시금치와 당근, 배추, 비트는 만 6개월 이후에 먹이는 것이 좋답니다. 이들 채소는 질소 화합물 함량이 높기 때문에 자칫 빈혈을 일으킬 수 있거든요.

과일은 반드시 익혀서 비타민과 무기질의 함량이 높은 과일은 아기에게 꼭 필요한 식품 중의 하나입니다. 그러나 이유식 초기에는 과일도 반드시 익혀서 먹여야 한답니다. 익힌 상태의 과일을 으깨거나 체에 내려서 조금씩 떠먹이고, 시일이 지나면서 양을 늘

려갑니다. 다만, 아기들에게 알레르기를 일으키기 쉬운 과일이 있으므로 주의가 필요하답니다. 오렌지나 귤은 생후 9개월 이후에 먹이는 것이 좋고, 딸기와 토마토는 생후 12개월 이후에 먹이도록 하세요.

간을 하지 않는 것이 원칙 돌 이전의 아기들에게 먹이는 이유식은 간을 하지 않는 것이 원칙이랍니다. 음식은 가급적 담백하게 먹이는 것이 좋고, 조미도 재료 자체의 단맛을 살리는 정도면 충분하답니다. 아기가 일찍부터 짠맛에 익숙해지지 않도록 주의하세요.

advice 2 먹이는 방법

초기 이유식은 하루에 한 번 초기에는 하루에 한 번 정도 이유식을 먹이는 것으로 만족해야 합니다. 이때는 모유나 분유를 먹이는 중간에 잠시 이유식을 먹이고, 다시 모유나 분유를 먹이는 것이 좋습니다. 그러다 아기가 점차 이유식을 먹는 데 익숙해지면 모유나 분유를 먹이기 직전이나 직후에 먹이면 됩니다. 이유식을 시작한 지 한 달 정도 지난 뒤부터는 하루에 두 번 정도 먹이면 무난하답니다.

먹이는 양은 1작은술로 시작 처음 이유식을 먹일 때는 1작은술 정도의 양을 하루에 한 번 먹입니다. 그렇게 3~4일이 지나고 아기가 잘 먹는다면 양을 두 배로 늘려 2작은술을 먹여봅니다. 이렇게 아기의 상태를 보면서 양을 조금씩 늘리면 된답니다. 이렇게 하다보면 생후 6개월 무렵에는 하루에 3~4큰술 정도 먹을 수 있게 되죠. 이유식 초기, 아기의 주식은 모유나 분유랍니다. 아기가 이유식을 잘 먹는다 하더라도 모유나 분유는 일정한 양(적어도 하루에 600ml 이상)을 먹이는 것이 좋습니다.

엄마가 안고 먹이는 게 안전 초기에 이유식을 먹일 때는 엄마가 아기를 안고 먹이는 것이 가장 안전하답니다. 아기를 눕혀둔 채로 이유식을 먹이면 자칫 아기가 숨이 막힐

수 있으므로 절대 안 됩니다. 그러다 생후 6~7개월이 되어 아기가 혼자서 앉을 수 있게 되면 식탁이 달린 유아용 의자에 앉혀놓고 이유식을 먹입니다. 일정한 자리에 앉아 식사를 한다는 것을 아기가 알게 해야 나중에 바른 식습관을 잡아줄 수 있답니다.

이유식 전용 숟가락 사용해야 아기에게 이유식을 먹일 때는 이유식 전용 숟가락을 이용하는 것이 바람직합니다. 모유나 분유만 먹던 아기에게 이유식은 성장에 필요한 영양 섭취 외에도 올바른 식습관을 형성하는 중요한 훈련 과정이 되기 때문입니다. 아기가 처음부터 숟가락 사용에 익숙해지도록 하는 것이 좋습니다.

advice 3 주의사항

모유나 분유 섞어 거부감 완화 아기가 새로운 재료에 대한 거부반응을 보인다면 이유식에 분유나 모유를 조금씩 섞어서 조리하는 것도 좋은 방법이 될 수 있습니다. 모유나 분유만을 먹던 아기들이 새로운 음식에 대해 당황해하고 거부반응은 보이는 것은 어쩌면 당연한 일일 수도 있기 때문입니다. 이유식에서 모유나 분유 맛이 느껴지면 아기들이 훨씬 안심하고 먹을 수 있게 된답니다.

칭찬과 노력이 있어야 성공 가능 이유식을 시작하는 일이 쉽지만은 않습니다. 아기들이 처음 접하는 음식에 부담을 느끼고 고개를 돌려버리거나 일단 받아먹었다가도 뱉어버리기 때문이죠. 하지만 실망하지 말고 꾸준히 노력해야 합니다. 아기가 한 입씩 받아먹을 때마다 칭찬을 해주며 기뻐하는 모습을 보여주는 것도 중요합니다. 처음부터 좋은 것을 많이 먹이려는 욕심을 버리고, 아기의 반응을 살펴보면서 컨디션에 맞게 새로운 음식을 만들어주도록 하세요.

쌀 미음

쌀은 이유식의 기본이 되는 재료입니다. 알레르기가 없
고, 소화가 잘 되기 때문에 아기들이 먹기에도 부담이
없답니다. 우리 아기에게 먹이는 첫 이유식은 쌀 미음으
로 준비해보세요.

필요한 재료

불린 쌀 15g

물 150ml

1 쌀은 씻어서 20분 정도 불린 다음 분량의 물에서 약간의 물을 넣고 분마기에 곱게 갈아주세요.

2 냄비에 간 쌀과 물을 넣고 센 불에서 끓입니다.

3 쌀죽이 부르르 끓어오르면 불을 약하게 줄여서 5분 정도 더 끓이는데, 이때는 나무주걱으로 저어주면 좋습니다.

4 미음이 다 되었으면 고운 체로 걸러 그릇에 담으면 된답니다.

tip

이유식용 쌀은 분마기로 조금씩

불린 쌀을 갈 때는 자동 분쇄기나 믹서를 이용해도 괜찮습니다. 하지만 이유식 양이 소량이다 보니 작은 분마기를 준비해서 필요할 때마다 조금씩 곱게 갈아서 쓰는 것이 좋답니다.

쌀 오이 응이

오이는 향기가 좋고 맛이 시원해서 아기에게 새로운 맛
을 경험하게 하고 싶을 때 시도해볼 만한 재료입니다.
아기에게 수분을 공급하는 데도 아주 좋답니다. 단, 아
직 초기인 만큼 즙만 사용해야 합니다.

필요한 재료

쌀가루 1큰술

오이 10g

물 1컵 반

1

쌀가루는 체에 두 번 정도 내려서 준비합니다.

2

오이는 물 1컵을 붓고 믹서에 곱게 갈아 즙만 면보에 밭쳐 놓습니다.

3

냄비에 쌀가루를 넣고 오이즙과 물 1/2컵을 부어 죽을 끓이세요.

4

묽은 죽이 완성되면 체에 밭쳐 걸러준 다음 살짝 더 끓입니다.

tip

불린 쌀보다 쌀가루가 빨라요

응이나 미음을 끓일 때 쌀가루를 이용하면 불린 쌀보다 빠른 시간 내에 이유식을 만들 수 있답니다. 쌀을 물에 충분히 담가 불렸다가 물기를 완전히 빼고 분마기나 블렌더에 갈아서 필요한 만큼 냉동실에 넣어두고 사용하면 된답니다.

완두콩 찹쌀 미음

완두콩은 색과 향이 좋아서 수프에 자주 사용되는 식
품입니다. 제철에 넉넉히 사다가 냉동실에 넣어두고 사
용하면 오래도록 향긋함을 즐길 수 있답니다. 찹쌀과
도 잘 어우러지는 재료랍니다.

필요한 재료

완두콩 15g

찹쌀가루 1큰술 반

물 1컵 반

1

완두콩은 물을 넉넉히 붓
고 삶아 놓으세요.

2

냄비에 물과 찹쌀가루를
넣고 잘 풀어준 다음 불
위에 얹어 끓입니다.

3

(2)에 삶은 완두콩을 넣고
같이 끓인 다음 한 김 식
으면 믹서에 곱게 갈아주
세요.

4

(3)을 체에 걸러 냄비에 붓
고 살짝 끓여주면 완성입
니다.

tip

찹쌀가루 풀 때는 거품기로

찹쌀가루에 물을 넣고 거품기로 잘 풀어주어야 덩어리가 생기지
않아 미음을 부드럽고 곱게 끓일 수 있답니다.

사과 비트 미음

비트는 붉은색을 낼 수 있는 아주 멋진 식품입니다. 게
다가 변비를 완화시키는 효능이 있어 아기의 배변이 원
활하지 않을 때 해먹이면 효과를 볼 수 있답니다. 사과
로 단맛을 보충해 주면 아이들이 아주 좋아하죠.

필요한 재료

멥쌀 10g

찹쌀 5g

사과 30g

비트 10g

물 1컵 반

1

멥쌀과 찹쌀은 한데 섞어 물에 충분히 불린 다음 분마기에 곱게 갈아줍니다.

2

사과는 껍질을 벗기고 강판에 곱게 갈아주세요.

3

비트도 껍질을 벗기고 강판에 곱게 갈아서 준비합니다.

4

냄비에 준비한 쌀을 넣고 물을 부어 약한 불에서 저어가며 끓이다가 사과와 비트를 넣어 끓입니다. 맛이 어우러지면 체에 걸러준 다음, 다시 한 번 끓여서 완성하면 됩니다.

tip

비트로 색깔 내기

비트는 영양이 풍부한 채소이지만 색이 강해서 처음 접하는 아기들은 거부반응을 보일 수 있답니다. 처음부터 너무 많이 넣지 말고 양을 조금씩 늘려가도록 하세요

밤 찹쌀 미음

밤은 고소하면서도 은근한 단맛을 간직하고 있어서 아기들 입맛에 제격이랍니다. 껍질이 딱딱해서 손질하기가 까다롭긴 하지만 두어 개만 준비해도 아기에게 먹일 양은 충분하니 한번 시도해보세요.

필요한 재료
밤 2개
찹쌀가루 2큰술
물 1컵 반

1

쌀가루는 고운 체에 두
번 내려서 준비합니다.

2

밤은 속껍질까지 깨끗하
게 벗긴 다음에 가늘게 채
를 썰어주세요.

3

채 썬 밤에 물을 넉넉히
붓고 푹 삶아 으깨주세요.

4

찹쌀가루에 물을 붓고 잘
풀어준 다음 불에 올려 끓
이다가, 으깬 밤을 넣고
잘 섞어줍니다. 체에 걸러
서 다시 한 번 끓이면 완
성입니다.

tip

밤은 채 썰어서 조리
밤 미음을 만들 때 밤을 통째로 삶아서 으깨 사용해도 괜찮지만
통째로 삶으면 시간이 오래 걸린답니다. 가늘게 채 썰어서 조리하
면 시간을 단축할 수 있습니다.

애호박 찹쌀 수프

찹쌀은 소화가 잘 되기 때문에 이유식 초기에도 활용할
수 있는 식품입니다. 애호박을 넣어서 밋밋한 맛을 없
애주면 아기가 더욱 호기심을 갖고 이유식을 받아먹는
답니다.

필요한 재료

애호박 20g

찹쌀가루 1큰술

물 1컵

1

애호박은 껍질을 벗겨내고 안쪽의 연한 부분을 돌려 깎아 곱게 다져 놓습니다.

2

찹쌀가루는 고운 체에 두 번 내려서 준비해두세요.

3

냄비에 애호박과 물을 붓고 중불에서 은근히 끓이다가 찹쌀가루를 넣어 묽은 수프를 끓입니다.

4

준비된 수프를 체에 밭치고 숟가락으로 긁어가며 내려주면 된답니다.

tip

소화 흡수를 돕는 찹쌀

찹쌀은 단백질, 지방, 비타민, 섬유소가 적어 소화 흡수가 잘 된답니다. 아밀로펙틴이라는 성분이 들어 있으므로 설사를 하거나 소화가 잘 되지 않을 때 먹이면 좋습니다.

구운 바나나

바나나는 신맛이 전혀 없고 단맛이 강하기 때문에 아기들이 가장 좋아하는 과일입니다. 하지만 이유식 초기에는 그냥 먹이지 말고 살짝 구워서 먹여보세요. 한결 소화 흡수가 잘 된답니다.

필요한 재료

바나나 1개

1

바나나는 껍질째 물에 씻어서 물기를 닦아주세요.

2

종이포일 위에 바나나를 얹어 오븐에 넣고 180℃에서 10분간 구워주세요.

3

바나나 껍질이 검은색이 되도록 구워지면 다 구워진 것이랍니다.

4

바나나 껍질을 벗기고 작은 숟가락으로 으깨서 먹이면 됩니다.

tip

구이용 바나나 고르기

구이용 바나나는 검은 반점이 많이 생긴 잘 익은 것보다는 검은 반점이 막 생기기 시작하는 것을 이용하는 것이 좋답니다.

수박 사과즙

아기에게 신선한 과일을 맛보여주고 싶지만 아직은 성
급합니다. 아기에게 과일을 먹을 때는 과즙만 내서 먹
이는데, 그냥 먹이는 것보다는 살짝 끓여서 먹이는 것
이 안전하답니다.

필요한 재료
수박 30g
사과 20g
생수 2큰술

1
수박은 과육만 잘라내서 씨를 빼고 곱게 갈아서 체에 밭쳐 국물만 준비하세요.

2
사과는 껍질을 벗기고 잘게 잘라 믹서에 넣고 생수와 함께 갈아 체에 걸러 즙만 준비합니다.

3
냄비에 수박즙과 사과즙을 넣고 살짝 끓인 다음 체에 걸러 그릇에 담으면 된답니다.

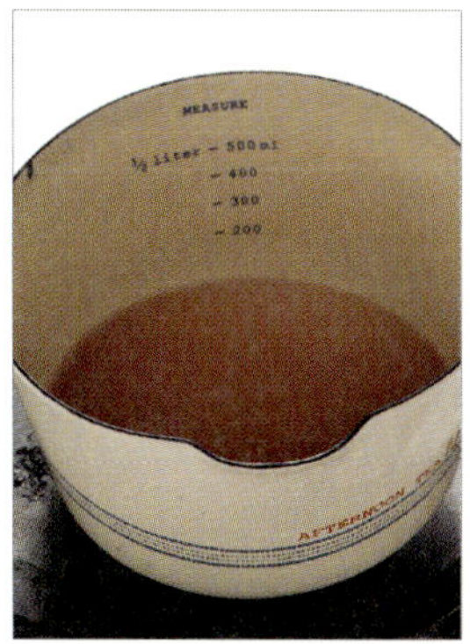

tip

아기용 물은 꼭 끓여서 쓰세요
레시피에 나오는 생수는 미리 끓여서 식혀둔 물을 의미합니다. 이유식 초기의 아기들은 모든 음식재료를 익혀서 먹이는 것이 좋거든요. 나무주걱이나 체도 열탕 소독하여 사용하도록 하세요.

중기 이유식
생후 7~8개월

Part **4**

이제 아기는 서서히 음식을 먹는 즐거움을 배워갑니다. 엄마가 가지고 오는 그릇에 맛있는 것이 담겨 있다는 것을 알고 반가워하기도 합니다. 하지만 또 나름대로 식성이 생기는 때라 엄마는 새로운 어려움을 느끼게 된답니다. 이제 아기는 날마다 두 번씩 이유식을 먹으며, 먹을 수 있는 음식의 재료도 훨씬 다양해졌습니다. 그만큼 엄마의 일이 많아졌다는 뜻이기도 하답니다.

중기 이유식에 대해 꼭 알아야 할 것들

생후 7~8개월에 해당되는 아기들이 보통 중기 이유식을 하게 됩니다. 이때는 초기를 통해 우유나 모유가 아닌 음식을 먹는 데 적응한 아기의 이유식 양을 늘리고 다양한 음식의 질감을 경험하게 하는 매우 중요한 시기입니다. 아기들에게 영양분을 고루 섭취하게 하는 것과 더불어 음식을 먹는 습관을 들이는 데도 신경을 많이 써야 한답니다.

advice 1 재료와 조리법

쌀과 물의 비율은 1:5~6이 기본 이유식 중기에는 밥알이 충분히 퍼진 5~6배 죽을 먹이는 것이 기본입니다. 쌀과 물의 양을 1:5~6으로 하여 이유식을 만들어주세요.

고기로 철분 보충해줘야 아기는 생후 6개월이 지나면 엄마의 뱃속에 있을 때 받았던 철분이 거의 다 소진되는 반면, 아기의 몸이 필요로 하는 철분의 양은 늘어난답니다. 때문에 생후 6개월 이후부터는 철분을 보충해줄 수 있는 고기를 넣어 이유식을 만들어야 한답니다. 쇠고기나 닭고기를 넣어 이유식을 만드는데, 질이 좋은 살코기를 골라 잘게 다져서 사용해야 합니다.

스스로 먹는 연습 할 수 있게 해야 생후 7개월부터는 아주 조그만 덩어리라도 씹어 먹어야 하는 음식을 시작하는 것이 좋습니다. 7개월 무렵에는 아기가 혀로 으깨 먹을 수 있는 연한 것을 주고, 8개월 때부터는 손으로 집어 먹을 수 있도록 작고 네모지게 잘라주어 아기가 스스로 먹는 연습을 할 수 있도록 해야 한답니다. 물론 8개월 때의 이유식도 부드러운 재료를 잘라주는 것이 중요합니다.

5가지 식품군 골고루 먹이기 중기에는 이유식을 하루에 2~3번 정도 먹이는데, 다섯

가지 식품군이 골고루 들어가도록 식단을 구성하는 것이 좋습니다. 쌀을 이용한 이유식에 고기와 채소, 과일 등을 먹이고 모유나 분유를 병행해주면 다섯 가지 식품군을 고루 먹일 수 있으니 월령에 맞는 다양한 이유식 재료들을 준비해서 먹이도록 하세요.

우리 몸에 필요한 5가지 식품군

1군 단백질군 쇠고기, 돼지고기, 닭고기, 생선류, 조개, 굴, 두부, 콩, 땅콩, 된장, 치즈, 두유 등

2군 칼슘군 멸치, 뱅어포, 잔새우, 우유, 분유 등

3군 무기질 및 비타민군 당근, 토마토, 무, 배추, 양파, 오이, 양배추, 사과, 귤, 딸기, 포도, 배, 미역, 다시마, 파래, 김 등

4군 당질군 쌀, 보리, 콩, 팥, 옥수수, 밀, 감자, 밤, 고구마, 토란, 국수, 떡, 빵 등

5군 지방군 참기름, 콩기름, 옥수수기름, 채종유, 깨, 쇠기름, 돼지기름, 호두 등

advice 2 먹이는 방법

컵을 이용해 물 마시기 중기에는 아기가 컵을 조금씩 이용하도록 해보세요. 모유나 분유도 컵에 담아 먹이는 연습을 하게 해서 젖꼭지에 의존했던 음식물 섭취 방식을 변화시켜 나가야 합니다. 아기의 발달월령에 맞는 컵을 준비해서 처음에는 엄마와 함께, 나중에는 혼자서 연습할 수 있도록 이끌어주세요. 월령에 맞는 도구나 재료를 경험하게 하는 것도 중요하답니다.

숟가락에 익숙해지도록 중기가 되면 아기가 스스로 이유식 숟가락을 잡을 수 있도록 엄마가 도와주세요. 이유식을 먹기 전에 아기가 숟가락을 충분히 가지고 놀게 해서 숟가락에 익숙해지도록 하고, 이유식을 거의 다 먹어갈 즈음 엄마가 먹여주던 숟가락을 아기 손에 쥐어줘 친숙해지도록 하면 좋습니다.

이유식 사이사이에 간식 먹이기 중기에는 이유식을 먹이는 사이사이에 간단한 간식을

조금씩 주는 것이 좋습니다. 아기들은 위가 아직은 작기 때문에 한꺼번에 많은 음식을 먹기가 어렵거든요. 이유식은 소량씩 자주 먹이는 것이 좋고, 간식은 부드럽고 아기가 좋아하는 재료를 이용해서 만들어 먹이는 것이 좋습니다.

간식은 손으로 집어먹게 간식은 아기가 손으로 집어먹을 수 있도록 준비해주는 것이 좋답니다. 작고 네모지게 썰어서 아기가 손 근육을 많이 활용할 수 있게 한다든지, 아기용 과자를 작고 둥근 모양으로 준비하여 아기가 하나씩 집어먹을 수 있도록 하면 좋습니다. 아기의 손 근육 발달은 두뇌의 발달에도 직접적으로 작용하므로 되도록 손을 많이 이용할 수 있도록 배려해주세요.

advice 3 주의사항

음식은 정해진 자리에 앉아 이유식과 간식을 먹일 때는 아기가 일정한 자리에 앉아서 먹을 수 있도록 가르치는 것이 좋습니다. 아기 전용 의자를 준비해주고 안전벨트를 매주어 편안한 자세에서 먹을 수 있도록 해주어야 합니다. 또 아기가 엄마와 얼굴을 마주하고 즐거운 마음으로 이유식과 간식을 먹을 수 있도록 곁에서 함께해주세요.

모유나 분유로 열량 보충하기 중기에는 이유식만으로 아기에게 필요한 열량을 다 채워줄 수 없으므로 이유식을 먹인 뒤에 바로 수유를 하는 것이 좋답니다. 이렇게 하면 아기가 한 끼에 먹는 양도 늘릴 수 있고, 하루 세 번, 일정한 시간에 식사를 하는 데도 익숙해진답니다.

밥은 이유기를 충분히 거친 뒤에 성급한 마음에 이유식 중기부터 밥을 먹이는 엄마들이 있습니다. 하지만 너무 일찍부터 밥을 먹이면 이유식에 실패할 수도 있으므로 조심해야 한답니다. 또한 어른들이 먹는 음식을 주는 것도 삼가는 것이 좋습니다. 어른들이 먹는 음식은 아무리 싱겁게 조리를 했다 하더라도 아기에게는 간이 너무 세답니다.

양배추 다시마 쌀죽

양배추는 화이트 푸드의 대표주자로 알려져 있을 만큼
영양소가 풍부하고 면역을 강화하는 데도 도움을 준답
니다. 아기들 이유식에도 절대 빼놓을 수 없는 식품이
죠. 양배추를 넣어 쌀죽을 끓여보세요.

필요한 재료

양배추 1장(10g)
쌀가루 2큰술
다시마 국물 2컵

1

양배추는 굵직하게 다지듯
썰어서 찬물에 5분간 담갔
다 물기를 제거합니다.

2

쌀가루는 체에 두 번 정도
내려서 곱게 준비하세요.

3

냄비에 쌀가루와 양배추
를 넣고 다시마 국물을
부은 다음 은근하게 끓여
줍니다.

tip

찹쌀가루 체에 내리기

찹쌀가루는 체에 내리지 않고 그냥 사용하면 끓일 때 덩어리가 져
서 곱게 풀어지는 데 시간이 오래 걸린답니다. 체에 두 번 정도 내
려서 사용하면 금방 풀어져서 한결 쉽게 부드러운 죽을 끓일 수
있답니다.

감자 표고버섯 쌀죽

이유식 중기에 이르면 조금씩 색다른 재료를 시도해봐
야 한답니다. 이제 쌀죽의 부재료에도 신경을 써주세
요. 부드러운 감자와 향긋한 표고버섯을 넣어서 끓인
쌀죽은 영양도 풍부하고 입에도 부드럽답니다.

필요한 재료

감자 30g

불린 쌀 20g

표고버섯 10g

물 2컵 반

1

감자는 껍질을 벗기고 얇게 썰어서 물을 붓고 무르게 삶은 다음 곱게 으깨놓으세요.

2

불린 쌀은 분마기에 굵직하게 갈아 놓습니다.

3

표고버섯은 따뜻한 물에 충분히 불려 기둥을 떼어내고 잘게 다져줍니다.

4

갈아둔 쌀에 표고버섯을 넣고 물을 부어 죽을 끓입니다. 쌀이 퍼지기 시작하면 으깬 감자를 넣고 맛이 어우러지도록 충분히 끓여서 완성합니다.

tip

말린 표고버섯 사용법

표고버섯은 생 표고버섯보다 말린 표고버섯이 영양이 더 풍부하답니다. 말린 표고버섯은 따뜻한 물에 불려 부드럽게 해서 사용하세요.

브로콜리 차조죽

쌀 외에 잡곡을 이용한 죽으로 아기의 입맛을 살려주는 건 어떨까요? 차조를 이용하면 간단하면서도 색다른 이유식을 만들 수 있답니다. 영양 많고 고소한 브로콜리를 넣어 완성한 레시피를 소개합니다.

필요한 재료
브로콜리 10g
불린 쌀 10g
불린 차조 10g
물 1컵 반

1
브로콜리는 흐르는 물에 씻은 다음 잘게 다지듯 썰어주세요.

2
불린 쌀과 차조는 분마기에 넣고 곱게 으깨줍니다.

3
(2)를 냄비에 담고 물을 부어 끓입니다. 처음에는 센 불에서 끓이다가 한 번 끓어오르면 불을 줄이고 은근한 불에서 충분히 끓여주세요.

4
불린 쌀과 차조가 충분히 퍼지면 브로콜리를 넣어 푹 무르도록 끓이면 됩니다.

tip

차조 으깨기
차조는 입자가 작기 때문에 분마기에서 으깰 때 신경 써서 으깨야 한답니다. 나중에 죽을 끓이다보면 차조 알갱이가 그대로 남아 있는 경우가 종종 있거든요.

시금치 쇠고기죽

시금치는 나물이나 죽, 국 등 다양한 이유식에 활용되는 재료입니다. 시금치는 철분과 비타민을 다량 함유하고 있어 성장기 아이들에게 반드시 챙겨 먹여야 하는 채소랍니다. 쇠고기를 넣은 죽을 끓이면 철분 섭취는 걱정 없겠죠?

필요한 재료

데친 시금치 5g

쇠고기 5g

불린 쌀 15g

물 1컵 반

1

데친 시금치는 물기를 빼
고 잘게 다지고, 쇠고기는
지방이 없는 살코기만 곱
게 다져 준비합니다.

2

불린 쌀은 분마기를 이용
해 곱게 으깨놓으세요.

3

냄비에 다진 쇠고기와 으
깬 쌀을 넣고 물을 부은
다음 중불에서 은근히 끓
입니다.

4

쌀알이 푹 퍼져서 잘 어
우러지면 시금치를 넣어
5분 정도 더 끓이면 된답
니다.

tip

시금치 향 순화시키기

시금치를 데친 뒤 죽에 넣을 때는 잠시 물에 담갔다가 이용해보세
요. 시금치를 처음 접하는 아기에게는 시금치의 향을 약간 순화시
켜 주는 것이 좋거든요.

쇠고기 감자죽

쇠고기를 가볍게 한 번 볶아서 죽을 끓이면 훨씬 더 고
소한 맛을 낼 수 있답니다. 하지만 아직은 기름보다는
물을 사용해서 볶아야 하며, 고기가 엉기지 않도록 주
의해야 한답니다.

필요한 재료

다진 쇠고기 10g

감자 ¼개

불린 쌀 20g

물 2컵 반

1

감자는 껍질을 벗기고 잘
게 다져서 물에 헹궈놓으
세요.

2

쇠고기는 잘게 다져서 냄
비에 담고 물을 약간 부어
볶듯이 익힙니다.

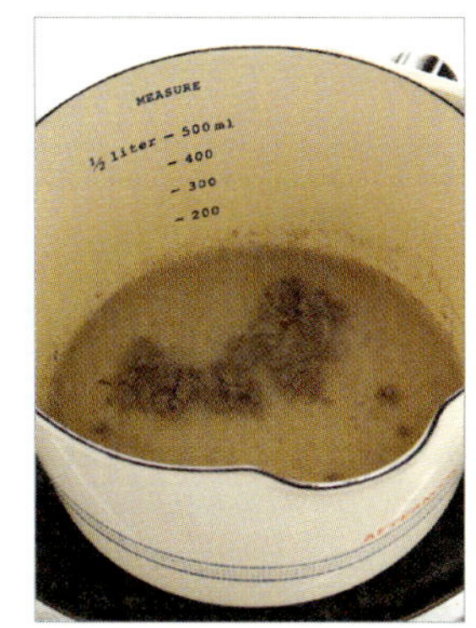

3

불린 쌀을 분마기에서 굵
직하게 갈아준 다음 (2)의
냄비에 담고 남은 물을 붓
고 끓여주세요.

4

여기에 다진 감자를 넣어
약한 불에서 은근히 끓여
쇠고기 감자죽을 완성합
니다.

tip

쇠고기 볶는 노하우

다진 쇠고기를 볶을 때 물을 조금 부어서 볶듯이 익히면 쇠고기가
덩어리지지 않고 쉽게 풀어져서 좋답니다.

달걀 연두부죽

6개월 후반부에 이르면 달걀도 조금씩 먹여야 한답니
다. 하지만 아직은 흰자를 먹여서는 안 되므로 노른자
만 활용하도록 하세요. 아기에게 알레르기가 생기지 않
도록 조심해야 하니까요.

필요한 재료

달걀노른자 ½개

연두부 1큰술

불린 쌀 2큰술

물 1컵 반

1

불린 쌀은 분마기에 담아
굵직하게 갈아 놓으세요.

2

연두부는 체에 담아 곱게
으깨줍니다.

3

달걀은 노른자로만 준비
해서 잘 풀어놓습니다.

4

냄비에 준비한 쌀과 물
을 넣어 끓이다가 푹 퍼지
면 달걀노른자와 으깬 연
두부를 넣어 맛있는 죽을
완성합니다.

tip

달걀흰자는 아직 금물

아직은 이유식 중기이기 때문에 달걀은 꼭 노른자만 사용해야 합
니다. 달걀을 흰자와 노른자로 분리할 때도 각별히 주의하세요.

배 대추죽

달콤한 맛이 일품인 배 배추죽입니다. 배와 대추 모두
단맛이 강한 과일이기 때문에 아기가 입맛이 없어하거
나 감기 기운이 있을 때 이 레시피를 활용하면 아주 좋
을 것 같습니다.

필요한 재료

배 30g
대추 2개
불린 쌀 2큰술
물 1컵 반

1 배는 껍질을 벗기고 강판에 곱게 갈아줍니다.

2 대추는 물에 씻어서 씨를 빼고 곱게 다져 놓으세요.

3 불린 쌀은 분마기에 넣어 곱게 갈아주세요.

4 냄비에 불린 쌀과 다진 대추, 물을 넣고 중불에서 은근히 끓이다가 간 배를 넣고 고루 섞어 완성하면 된답니다.

tip

대추 다지기 포인트

대추는 익으면 입자가 커지기 때문에 아주 곱게 다져야 한답니다. 굵게 다진 상태로 죽을 끓이면 나중에 입자가 너무 커져서 아기가 먹기 어렵거든요. 처음부터 아주 곱게 다지거나 물에서 불린 상태에서 다져주는 것이 좋습니다.

연어 김죽

연어는 알레르기가 생길 수 있기 때문에 아기의 반응을
살펴가며 조금씩 시도해야 한답니다. 연어죽에는 김을
조금 넣어주면 향기가 서로 어우러져 더욱 맛있어진답
니다.

필요한 재료

연어 살 15g

불린 쌀 15g

김 5g

물 1컵 반

1

연어 살은 2mm 크기로 잘게 다져서 준비해둡니다.

2

김은 물에 담가 불렸다가 손으로 잘라 뜯어놓으세요.

3

불린 쌀은 분마기에 곱게 갈아서 냄비에 담고, 연어 살과 함께 볶다가 물을 부어줍니다.

4

(3)의 죽이 푹 퍼지도록 끓으면 불린 김을 넣어서 섞고, 맛이 어우러지면 그릇에 담습니다.

tip

이유식에는 신선한 연어를

이유식에는 훈제연어가 아닌 신선한 연어 살을 사용해야 한답니다. 자칫 실수할 수 있으니 꼭 확인하고 구입하세요

대구살 크림차우더 수프

대구는 버릴 것도 없고 활용도도 큰 생선으로, 이유식
용 흰살생선으로는 이만한 게 없답니다. 분유와 치즈를
활용해서 리치한 느낌의 수프를 만들어보세요. 아기가
정말 좋아한답니다.

필요한 재료

대구 살 30g

분유 ½큰술

유아용 무염치즈 ⅓장

물 2컵

1

대구 살은 뼈를 제거한 다음 2mm 크기로 잘라서 냄비에 물과 함께 넣어서 끓여주세요. 양이 2/3컵 정도 될 때까지 약한 불로 끓여주어야 합니다.

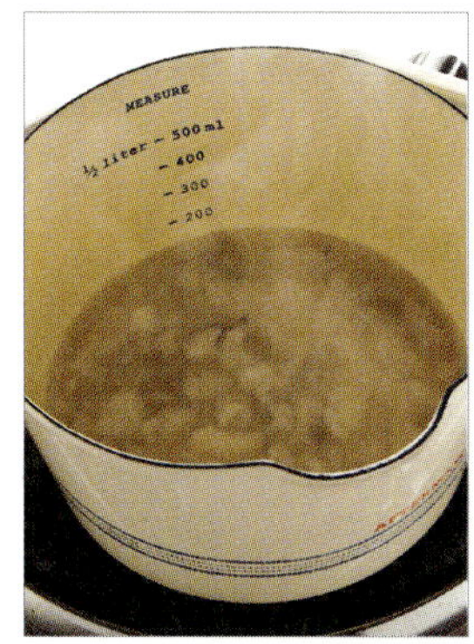

2

치즈는 비닐을 벗기지 말고 칼등으로 잘게 잘라두세요.

3

(1)의 대구 살에 분유를 넣어 섞습니다.

4

여기에 치즈를 넣어 고루 섞어준 다음 수프를 그릇에 담습니다.

tip

흰살생선은 모두 OK!

대구가 없으면 아무 흰살생선이나 이용해도 괜찮습니다. 생태나 가자미, 병어 등 모든 흰살생선은 훌륭한 이유식 재료랍니다.

고구마 크림 메시

고구마는 섬유소가 풍부해서 아기들의 뱃속을 편안하
게 해주는 식품입니다. 삶아 으깬 뒤 크림 상태로 만들
면 아기들이 먹기에도 좋고 맛도 더욱 부드럽고 진해진
답니다.

필요한 재료
고구마 30g
분유 1큰술
물 300ml

1

고구마는 껍질을 벗기
고 1cm 크기로 썰어서 물
250ml를 붓고 푹 삶아주
세요.

2

분유는 따뜻한 물 50ml를
부어 멍울이 없도록 잘 풀
어주세요.

3

삶은 고구마는 체에 걸러
곱게 으깨놓습니다.

4

냄비에 으깬 고구마를 담
고 (2)의 분유 푼 물을 부
어 고루 섞은 뒤 약한 불
에서 살짝 데우듯 익힌 다
음 그릇에 담습니다.

tip

고구마 크림처럼 만들기
으깬 고구마를 분유 푼 물과 섞어서 살짝 데우는 것은 크림 상태
로 맛이 고루 섞이게 하기 위해서랍니다. 반드시 약한 불에서 조
리하도록 하세요.

닭가슴살 으깬 두부

닭가슴살은 담백해서 고기는 물론, 고기를 삶아낸 육
수도 아주 유용하게 쓰인답니다. 고기를 깨끗하게 손질
해서 삶은 뒤 육수를 따로 보관했다 이유식에 활용하
도록 하세요.

필요한 재료
닭가슴살 20g
두부 15g
양상추 1장
물 2컵

1

닭가슴살은 물을 넣고 삶아서 속까지 익힌 다음 잘게 썰어 놓습니다.

2

두부는 물에 씻어서 고운 체에 내려 으깨고, 양상추도 잘게 썰어 놓으세요.

3

냄비에 닭가슴살, 두부, 양상추, 닭고기 삶은 육수를 담고 나무주걱으로 저어가며 약한 불에서 끓이면 된답니다.

tip

두부 고르기
두부는 연두부나 생식용 두부를 이용하는 것이 부드러워서 좋답니다. 보존제나 소포제 등의 첨가물이 들어 있지 않은 국산 콩 두부로 선택하시면 더욱 좋습니다.

후기 이유식
생후 9~11개월

Part 5

대부분의 아기들이 이 시기에 치아가 생긴답니다. 쌀알처럼 조그만 이가 쑥쑥 올라오는 것을 보고 있으면 신기하지 그지없습니다. 이때부터는 웬만한 자연식품은 거의 다 먹을 수 있기 때문에 보다 다양한 음식에 도전할 수 있고, 하루에 세 번 엄마와 함께 식사를 하면 된답니다. 이 시기의 아기들은 활동량이 많아지고, 빠른 아기들은 이미 걷기 시작하기 때문에 영양공급에 신경을 더 써주세요.

후기 이유식에 대해 꼭 알아야 할 것들

생후 9~11개월 사이에 해당되는 이유식 후기에는 아기의 활동량이 많아지고, 몸도 쑥쑥 자라기 때문에 영양이 많이 필요하답니다. 모유나 분유만으로는 필요한 영양을 충분히 섭취할 수 없으므로 다양한 재료를 이용하여 이유식을 만들어 먹여야 합니다. 이 시기에는 보통 세 번의 이유식과 두 번의 간식을 먹게 되는데, 하루에 필요한 열량을 섭취할 수 있도록 엄마의 세심한 배려가 필요하답니다.

advice 1 재료와 조리법

죽을 떼고 진밥 단계로 진입 이유식 후기부터는 죽보다는 씹을 수 있는 진밥을 먹이는 것이 좋습니다. 죽을 주더라도 밥알이 살아 있는 죽을 먹이는 게 좋고, 무른 밥은 1회에 120~140ml 정도, 하루 세 번씩 먹이면 됩니다.

아기가 으깨 먹을 수 있는 크기로 이젠 재료를 곱게 다지거나 갈아서 이유식을 만드는 대신에 아기가 잇몸으로 으깰 수 있을 정도의 덩어리로 만들어줘야 합니다. 약 5mm 정도의 크기면 무난한데, 되도록 부드럽게 해서 먹이고, 섬유질이 질긴 단단한 채소는 삼가는 것이 좋습니다.

보다 다양한 과일에 도전 이젠 과일도 보다 다양하게 먹을 수 있습니다. 과일은 희석하지 않은 과즙으로 하루 120ml 정도 먹이는 것이 좋습니다. 사과 등의 과일을 손에 쥐기 쉬운 크기로 깎아줘 앞니로 갈아먹을 수 있게 해보세요.

advice 2 먹이는 방법

빨대나 컵 이용을 연습할 시기 이 시기의 아기들은 몸의 성장 속도가 빠르고 활동량
도 많아져서 열량이 높은 음식을 먹여야 한답니다. 물론 모유나 분유도 함께 먹여야
하고요. 그러나 모유나 분유의 양을 서서히 줄이면서 이유식의 양을 늘려야 하며, 젖병
을 이용하는 대신 빨대로 빨아먹거나 컵을 이용해서 마실 수 있도록 연습을 시켜주는
것이 좋습니다.

숟가락으로 음식을 떠먹는 연습 아기에게 숟가락을 쥐어주세요. 이유식 중기 때 아기
에게 숟가락을 갖고 놀게 했다면 이제는 숟가락을 가지고 음식을 조금씩 떠먹을 수 있
도록 유도해야 하는 시기입니다. 음식을 흘리거나 떨어뜨리는 등 주변을 어지럽게 만
들 수도 있지만 엄마가 적극적으로 응원하며 스스로 연습할 수 있게 해주세요.

온 가족이 함께 즐겁게 먹기 아기에게 이유식을 먹일 때는 가족들이 모두 함께 식사를
하면서 즐겁게 먹는 모습을 보여주는 것이 좋답니다. 아기가 이유식을 먹는 일정한 자
리와 가족들 간의 다정한 분위기가 아기의 식습관 형성에 큰 영향을 주기 때문이죠. 또
아기가 이유식을 먹을 때는 TV나 장난감 전원을 꺼서 식사시간 동안 다른 곳에 시선
을 뺏기지 않도록 해주세요.

advice 3 주의사항

너무 딱딱한 음식은 위험 이 시기의 아기들은 치아가 나오면서 잇몸이 가려워 단단한
것을 입에 넣어주면 씹으려고 한답니다. 무른 밥이나 채소는 어느 정도 알갱이가 있도
록 조리하는 것이 좋은데, 너무 딱딱하면 잇몸을 다칠 수 있으니 주의해야 합니다.

달고 짠 음식과 간식은 금물 이유식 후기라 하더라도 생식을 주는 것은 적당치 않으

니 꼭 익혀서 먹여야 합니다. 또 달고 짠 음식이나 기름진 음식, 군것질은 삼가는 것이 좋습니다. 시중에서 파는 과자들을 무분별하게 주거나 단맛이 진한 음료를 먹이는 것은 금물입니다. 아기가 단맛이나 짠맛에 길들여지면 쉽게 식습관을 고칠 수 없으므로 엄마가 특히 조심해야 한답니다.

버터나 마가린은 금하는 것이 좋아 생후 9개월이 지나면 이유식에 소량의 지방을 사용할 수 있습니다. 이때는 올리브유나 포도씨유, 참기름 같은 불포화지방이 많은 기름을 사용해야 하며, 포화지방이 많이 든 버터나 마가린은 피하는 것이 좋습니다.

불포화지방은 실온에서 주로 액체인 반면 포화지방은 실온에서 고형 상태입니다. 음식을 통해서 섭취해야 하는 불포화지방을 필수지방산이라고 하는데, 이 불포화지방은 인체에서 다양한 기능을 하지만 포화지방은 인체 내에서 아무런 역할도 하지 않는답니다. 뿐만 아니라 비만을 유발하며 온갖 질병의 원인이 되므로 아기들은 물론, 성인들도 섭취를 제한하는 것이 좋습니다.

된장은 돌 이후에 극소량 사용 이유식 후기라 하더라도 된장처럼 짠 음식은 사용하지 않는 것이 원칙입니다. 된장은 알레르기가 생길 확률이 높은 식품 중 하나인 대두로 만들어졌을 뿐 아니라 염분 함량도 높기 때문입니다. 돌이 지나고 나면 아주 소량의 된장은 이용해도 괜찮습니다. 하지만 이때도 국산 콩으로 만든 된장을 이용하는 것이 좋습니다. 수입산 콩은 GMO로부터 자유로울 수 없기 때문에 안심할 수 없거든요. 대기업 제품은 거의 대부분 수입산 콩으로 만든 것들이고, 국산 콩 된장은 주로 가내수공업 형태의 작은 회사에서 개인 이름을 브랜드로 내건 경우가 많습니다. 마트에서도 판매대 위치가 서로 다르지요. 값은 좀 비싸지만 아기의 건강을 위해 식품원료 라벨을 반드시 확인하고 구입하세요.

무나물 무른밥

아기에게 밥을 먹이기 위해 너무 서두르지 마세요. 아직
은 씹거나 소화시키는 능력이 부족하기 때문에 자칫 장
염에 걸릴 수 있답니다. 부드러운 나물로 무른 밥을 지
어 먹이는 것이 가장 좋습니다.

필요한 재료

무 20g

애호박 10g

불린 쌀 25g

물 1컵

1 무는 껍질을 벗기고 잘게 다져 놓습니다.

2 애호박도 돌려깎기를 하여 곱게 다져 놓습니다.

3 불린 쌀은 분마기에 넣어 대충 빻아서 준비하세요.

4 냄비에 무와 애호박, 쌀, 물을 넣고 센 불에서 끓이다 후루룩 끓어오르면 불을 중불로 줄여서 은근히 끓여 완성합니다.

tip

애호박 껍질 벗기기

애호박의 껍질은 아기가 소화시키기에 어려울 수 있습니다. 이유식에 애호박을 이용할 때는 꼭 껍질을 벗겨서 사용하세요.

다시마 고구마 무른밥

다시마와 고구마는 변비에 좋은 식품으로 잘 알려져
있습니다. 아기의 배변이 원활하지 않다면 다시마와 고
구마를 활용해보세요. 섬유질이 많아 아기의 장운동을
도와주며 뱃속을 편안하게 해준답니다.

필요한 재료

다시마 5cm 1장
고구마 30g
불린 쌀 2큰술
물 1컵 반

1

다시마는 젖은 면보로 깨끗하게 닦아준 다음 뜨거운 물을 부어서 30분 정도 우려냅니다.

2

고구마는 껍질을 벗기고 5mm 크기로 네모지게 썰어주세요.

3

다시마 국물을 우리고 건져낸 다시마는 1/3 정도를 잘게 썰어서 놓습니다.

4

냄비에 불린 쌀과 고구마, 다시마, 다시마 국물을 넣고 밥을 짓습니다. 처음엔 센 불에서 끓이다가 쌀알이 부드러워지면 불을 약하게 줄이고 푹 끓여주면 완성입니다.

tip

다시마 국물 우리기

다시마는 끓는 물에서는 15분 정도 우려내고, 뜨거운 물을 부어서 우릴 때는 약 30분 정도 우려냅니다. 너무 오래 우리면 다시마의 감칠맛이 떫은맛으로 변해 좋지 않답니다.

강낭콩 채소 무른밥

강낭콩은 다른 콩에 비해 크고 부드러워서 먹을 게 많
지요. 몇 그루 심어놓으면 금세 우거져서 여름 내내 신
선한 강낭콩을 먹을 수 있답니다. 색깔도 예뻐서 볼 때
마다 기분까지 좋아지곤 한답니다.

필요한 재료

강낭콩 20g

양파 10g

브로콜리 10g

불린 쌀 3큰술

물 2컵

1

강낭콩은 5분 정도 삶아서 건진 다음 3mm 크기로 잘게 썰어주세요.

2

양파와 브로콜리도 강낭콩과 비슷한 크기로 잘라 놓습니다.

3

냄비에 불린 쌀과 강낭콩, 양파를 넣고 물을 부어서 밥을 짓습니다.

4

밥물이 끓으면 브로콜리를 넣고 끓인 다음 뜸을 잘 들인 뒤 고루 섞어 그릇에 담아냅니다.

tip

아기 밥 불 조절

냄비에 아기의 밥을 조금 지을 때는 불 조절에 신경을 써야 합니다. 처음에는 센 불로 끓이다가 중불로 끓여서 밥이 충분히 호화되도록 하세요. 뜸을 들일 때는 불을 최대한 작게 줄여 충분히 뜸을 들입니다.

표고버섯 흰살생선 무른밥

모든 아기가 그렇지만 고기를 싫어하는 아기라면 특히
생선은 반드시 필요한 식품입니다. 흰살생선은 비린내
가 적어 냄새에 민감한 아기들도 잘 먹는답니다. 표고버
섯과 함께 조리하면 색깔조화까지 맞출 수 있답니다.

필요한 재료

표고버섯 ½개

흰살생선 20g

불린 쌀 3큰술

물 ½컵

1

표고버섯은 미리 불려서 밑동을 자르고 잘게 다져 놓습니다.

2

흰살생선은 끓는 물에 익혀서 잘게 부숴놓으세요.

3

솥에 불린 쌀을 넣고 표고버섯을 올린 뒤 물을 부어 밥을 짓다 밥이 뜸이 들 즈음 준비해둔 흰살생선을 넣어 익힙니다.

4

밥이 충분히 뜸이 든 뒤에 고루 섞어 그릇에 담습니다.

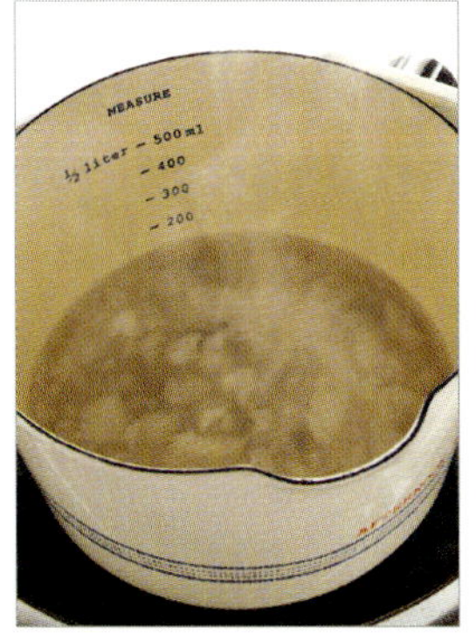

tip

생선 살 준비하기

흰살생선은 살만 잘게 부수어 사용하는데, 살 속에 작은 가시가 들어 있을 수 있으니 세심하게 잘 발라서 사용하도록 하세요. 체에 담아 잘게 부수거나 엄마가 손을 깨끗이 씻고 손으로 으깨주면 된답니다.

당근나물 들깨 진밥

닭가슴살은 지방이 없고 맛이 담백하여 밥이나 샐러드
에 아주 좋은 식품입니다. 당근나물을 예쁘게 만들어
함께 밥에 넣으면 아주 맛깔스런 이유식이 완성된답니
다. 이유식도 보기 좋아야 한다는 것, 잊지 마세요!

필요한 재료

당근 10g

닭가슴살 10g

불린 쌀 2큰술

들깨가루 1작은술

물 1컵 반

1

당근은 껍질을 벗기고 가늘고 짧게 채를 썰어두세요.

2

닭가슴살은 피막을 제거하고 곱게 다져놓습니다.

3

냄비에 불린 쌀과 당근, 닭가슴살을 넣어 볶다가 물을 부어 밥을 짓습니다.

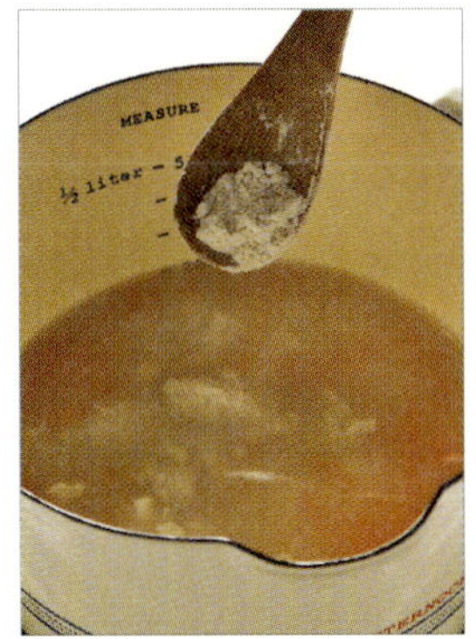

4

밥이 무르게 익었을 때 들깨가루를 넣어 고루 섞어 줍니다.

tip

밥 짓기 전에 살짝 볶기

불린 쌀과 당근, 닭가슴살을 함께 볶다가 밥을 지으면 그냥 물을 부어 밥을 짓는 것보다 감칠맛이 더 강해진답니다.

다진 쇠고기 당근 진밥

쇠고기는 매우 중요한 이유식 재료 중 하나입니다. 특
히 쇠고기에 함유되어 있는 철분은 성장기 아이들에게
반드시 필요한 성분으로 흡수율도 좋답니다.

필요한 재료

다진 **쇠고기** 20g

당근 10g

불린 쌀 3큰술

물 ½컵

1

당근은 껍질을 벗기고 곱게 채 썰어 물에 헹궈 건집니다.

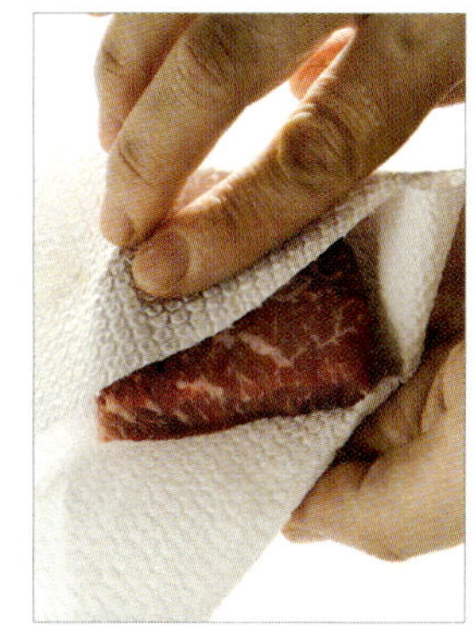

2

쇠고기는 종이타월에 싸서 핏물을 뺀 다음 곱게 다져주세요.

3

솥에 불린 쌀과 당근, 다진 쇠고기를 넣고 볶다가 물을 붓고 센 불에 올려 밥을 짓습니다.

tip

쇠고기 손질하기

이유식용 쇠고기는 다진 쇠고기를 사는 것보다는 덩어리를 사서 조금씩 다지는 것이 좋답니다. 기름기가 적은 안심으로 구입하여 한 번씩 먹을 양으로 나누어 놓은 다음 이유식을 만들 때마다 곱게 다져서 사용하세요.

대구살 두부밥

대구는 냄새가 적고 담백하여 밥을 지을 때 넣어도 무리가 없답니다. 두부와 시금치 또한 이유식에서는 빼놓을 수 없는 재료로, 먹기 좋은 크기로 잘라서 밥에 넣어주면 한꺼번에 다양한 영양을 공급할 수 있답니다.

필요한 재료

대구살 20g

두부 20g

데친 시금치 5g

불린 쌀 2큰술

물 1컵 반

1

대구살은 뼈를 제거한 뒤 잘게 썰어놓으세요.

2

두부는 작고 네모지게 썰고, 데친 시금치는 물에 10분 정도 담가 두었다가 물기를 제거하고 잘게 썰어서 준비해두세요.

3

냄비에 물을 붓고 쌀과 대구살을 넣어 끓이다 한 번 끓어오르면 불을 줄여서 밥을 짓습니다.

4

무른 밥이 거의 되어갈 즈음 썰어놓은 시금치와 두부를 넣고 뜸을 들입니다. 밥이 다 되면 고루 섞어서 그릇에 담아냅니다.

tip

두부 섞을 때 주의사항

작게 썬 두부를 넣어 섞을 때는 두부가 으깨지지 않도록 죠심하여 살살 섞어야 그릇에 담았을 때 맛깔스러워 보인답니다.

게살 다시마 비빔밥

다시마 우린 국물을 이유식에 활용하면 따로 간을 하
지 않아도 적절한 간이 배어서 좋답니다. 게는 알레르
기가 있을 수도 있으니 조금씩 먹이며 아기의 반응을
살피도록 하세요.

필요한 재료

게살 30g

다시마 1장

밥 40g

물 ½컵

1

젖은 면보로 닦은 다시마를 냄비에 넣고 물을 부어 10분간 두었다가 불에 올려 거품이 날 때까지 끓입니다.

2

(1)의 다시마는 건져서 잘게 다지고, 삶은 게살은 발라서 준비해두세요.

3

(1)의 국물에 밥을 넣고 국물이 거의 없어질 정도로 끓입니다.

4

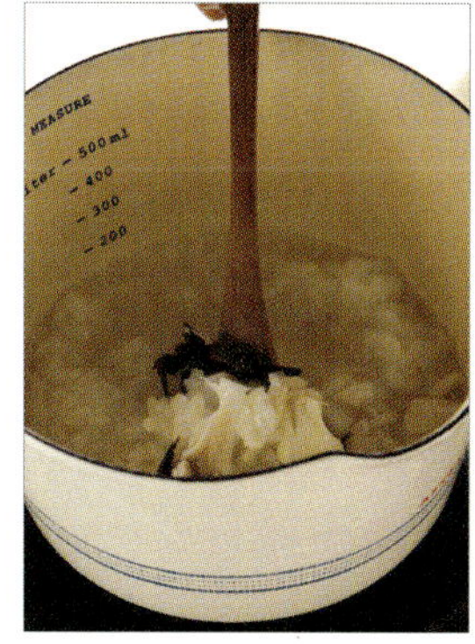

여기에 잘게 썬 다시마와 게살을 넣어 고루 섞어주면 완성입니다.

tip

게살 준비하기

게살은 신선한 꽃게를 사서 김이 오른 찜통에서 푹 찐 다음 살을 발라내서 이유식에 이용하는 것이 좋습니다.

대합 시금치탕

이제 아기는 대합 살을 먹여도 될 만큼 성장했습니다.
모든 식품은 다른 식품으로는 대체할 수 없는 고유의
영양성분을 함유하고 있으므로 채소, 고기, 해산물 등
다양한 음식 재료를 활용해 보세요.

필요한 재료

대합 1개

시금치 20g

다시마 1장

물 1컵

1

대합은 옅은 소금물에 담가 해감을 토하게 한 뒤 굵은 소금으로 문질러 씻어주세요.

2

시금치는 데쳐서 잘게 썰고, 다시마는 면보로 닦아 놓습니다.

3

대합에 물을 붓고 다시마를 넣어 끓입니다. 육수가 우러나면 체에 거르고, 대합 살은 꺼내서 잘게 다져 놓습니다.

4

대합 육수에 대합 살과 시금치를 넣어 살짝 더 끓이면 국이 완성된답니다.

tip

다시마 국물 우리기

다시마 국물을 우려낼 때는 다시마를 넣고 물이 끓은 지 15분 이후에 건져내는 것이 좋습니다. 다시마의 구수한 맛을 내는 성분이 시간이 지나면 떫은맛으로 변하기 때문입니다.

오이 과일즙 무침

오이의 아삭한 맛과 사과의 달콤한 맛, 감자의 고소한
맛 등이 어우러져 아기의 입맛을 돋워주는 음식입니다.
적당히 씹는 맛도 느낄 수 있어 아기들이 아주 좋아한
답니다.

필요한 재료

오이 20g

감자 20g

사과즙 1작은술

1

오이는 소금으로 문질러 씻은 다음 껍질을 두껍게 벗겨내고 오이 속살을 곱게 다져 놓으세요.

2

감자는 껍질을 벗기고 잘게 썰어 물을 붓고 푹 무르게 삶아준 다음 곱게 으깹니다.

3

사과는 껍질을 벗기고 강판에 갈아주면 된답니다.

4

사과즙에 오이와 감자를 넣고 고루 버무려 그릇에 담으면 완성입니다.

tip

오이 껍질 벗기기

오이는 껍질에도 영양분이 많지만, 아기의 이유식을 만들 때는 껍질을 벗겨내고 이용하는 것이 좋답니다. 표면에 오염물이나 농약 성분이 묻어 있을 수도 있거든요. 이유식에 오이를 이용할 때는 소금으로 문질러 깨끗하게 씻은 다음 껍질을 두껍게 벗겨내도록 하세요.

단호박 크림 퓌레

단호박은 색깔이 예쁘고 단맛이 강해서 아기들이 좋아
하는 식품입니다. 여기에 우유까지 넣어 영양을 보강해
주면 아주 좋겠죠? 만드는 법도 간단하고 응용범위도
넓어 다양하게 활용할 수 있답니다.

필요한 재료

단호박 40g

물 ½컵

우유 2큰술

1

단호박은 속을 파내고 껍질을 벗긴 다음 얇게 썰어 물을 붓고 푹 무르게 삶아줍니다.

2

삶은 단호박은 곱게 으깨서 준비해 둡니다.

3

으깬 단호박에 우유를 붓고 섞어주면 단호박 크림 퓌레가 완성됩니다.

tip

크림 퓌레 응용하기

단호박 대신 고구마나 감자, 밤 등을 이용하면 색다른 크림 퓌레를 만들 수 있답니다. 단호박과 같은 방법으로 삶아서 으깬 다음에 우유를 넣고 섞어주면 되니 간단하죠 아기가 좋아하고 잘 먹는 재료를 이용하세요.

감자 완자찜

아기들은 동그랗게 만든 음식을 손으로 집어먹는 것을
좋아합니다. 아기에게 먹이고 싶은 몇 가지 재료를 선
별하여 완자로 만든 뒤 끓는 물에 익혀서 먹이면 아주
좋답니다.

필요한 재료
감자 30g
애호박 10g
새우 살 10g
녹말가루 5g

1
감자는 껍질을 벗기고 강판에 곱게 갈아서 물기를 꼭 짜고 건더기만 준비합니다.

2
애호박은 손질하여 곱게 다져놓으세요.

3
새우 살도 흐르는 물에 씻은 다음 곱게 다져 놓습니다.

4
볼에 감자와 새우 살, 애호박, 녹말가루를 넣고 잘 섞어줍니다.

5
(4)의 반죽을 떼어 둥글게 뭉쳐 완자를 빚어주세요.

6
끓는 물에 감자 완자를 넣어 익히는데, 감자 완자가 떠오르면 체로 건져 그릇에 담습니다.

두부 우유찜

두부는 부드럽고 소화가 잘 되는 식품으로, 훌륭한 단
백질 공급원입니다. 달걀, 우유 등과 함께 찜을 하면 영
양배합도 좋고, 씹는 느낌이 부드러워 아기들이 아주
잘 먹는답니다.

필요한 재료

두부 2큰술
우유 ¼컵
달걀 1개
당근 5g
삶은 시금치 5g

1

두부는 체에 얹어 곱게 으
깨놓으세요.

2

볼에 우유와 달걀을 넣고
섞어준 다음 체에 걸러줍
니다.

3

당근과 삶은 시금치는
3mm 크기로 잘게 썰어놓
습니다.

4

(2)의 달걀물에 으깬 두부
와 당근, 시금치를 넣어
섞어준 다음 찜기에 담아
주세요. 김이 오른 찜통에
18분 정도 중탕하면 두부
우유찜이 완성된답니다.

tip

우유와 달걀 체에 거르기

우유와 달걀을 그릇에 넣고 섞어준 다음 체에 한 번 걸러주면 한
결 부드럽고 맛있는 두부 우유찜을 만들 수 있답니다.

양배추 버섯 노른자찜

달걀찜에 다시마 국물을 넣으면 맛이 한결 부드럽고 간도 약간 되어 아주 좋습니다. 아기에게 먹이고 싶은 채소들을 잘게 다져서 달걀노른자와 함께 찜을 해보세요. 영양만점이랍니다.

필요한 재료

달걀노른자 1개

다시마 국물 3큰술

양배추 10g

표고버섯 5g

피망 5g

1

다시마는 30분 전에 따뜻한 물에 미리 담가 다시마 물을 우려놓으세요.

2

양배추와 표고버섯, 피망은 각각 곱게 다져 준비합니다.

3

다시마 국물에 달걀노른자를 넣어 고루 섞어준 다음 체에 걸러주세요.

4

(3)에 양배추와 표고버섯, 피망을 넣고 찜기에 담아 김이 오른 찜통에 넣어 쪄내면 된답니다.

tip

채소 손질하기

양배추는 심을 빼고 부드러운 부분으로 골라 다지고, 표고버섯도 기둥을 잘라내고 곱게 다집니다. 피망은 씨를 제거한 다음 부드러운 부분을 곱게 다져서 사용합니다.

새우살 양배추찜

양배추는 찜을 하기에 아주 좋은 식품입니다. 양배추
를 찌면 부드럽고 달콤한 맛이 살아나거든요. 새우 살
과의 조화도 좋아서 부드럽게 어우러지는 맛이 그만이
랍니다.

필요한 재료

새우 살 30g

양배추 1장 반

다진 양파 1작은술

녹말가루 3g

참기름 소량

1

새우는 소금물에 흔들어 씻은 다음 껍질을 벗기고 칼끝으로 곱게 다져두세요.

2

다진 새우 살에 참기름과 다진 양파를 넣고 조물조물 맛있게 무칩니다.

3

양배추는 부드러운 부분으로 준비하여, 끓는 물에 살짝 데쳐 찬물에 헹구어 냅니다.

4

양배추에 녹말가루를 바르고 (1)의 새우 살을 얹은 다음 녹말가루를 뿌립니다. 이제 김이 오른 찜통에 넣고 새우가 푹 익도록 10분간 찌기만 하면 된답니다.

tip

양배추 손질하기

이유식에 들어가는 양배추는 부드럽고 가운데 심이 없는 속잎으로 준비하여 끓는 물에 데쳐 부드럽게 한 다음 사용하세요.

브로콜리 그라탱

그라탱은 아기에게 치즈를 먹일 수 있는 아주 좋은 음식이랍니다. 그냥 치즈는 싫어하는 아이들도 오븐에 구워서 부드럽게 엉기는 치즈는 재미있어하거든요. 단, 반드시 유아용 무염치즈를 사용하세요.

필요한 재료

브로콜리 20g

밥 40g

생우유 ¼컵

다시마 우린 물 1컵

유아용 무염치즈 ⅓장

1

브로콜리는 5mm 크기로 잘게 썰어서 끓는 물에 넣어 데친 다음 찬물에 헹궈 놓으세요.

2

냄비에 밥과 다시마 우린 물을 담고 약한 불에서 저어가며 끓여주세요. 국물이 거의 없어질 때까지 끓이면 됩니다.

3

(2)에 우유를 붓고 섞은 뒤 불에서 내려 그라탱 그릇에 담은 다음 브로콜리를 얹어줍니다.

4

무염치즈를 가늘게 잘라서 (3) 위에 얹어준 다음, 170℃의 오븐에서 약 5분간 구우면 된답니다.

tip

브로콜리 손질하기

브로콜리는 친환경 제품을 사더라도 뽀글뽀글한 꽃 사이에 벌레가 들어 있을 수 있습니다. 브로콜리는 작게 썰어 준비한 다음 다시 한 번 흐르는 물에 씻어서 사용하세요.

버터로 구운 바나나

달콤한 바나나를 버터에 구우면 고소한 맛이 더하답니
다. 여기에 두뇌발달에 좋은 호두를 다져 얹으면 그야
말로 멋진 요리가 된답니다. 넉넉히 만들어서 엄마가
함께 먹어도 좋답니다.

필요한 재료

바나나 ½개

버터 소량

호두 5g

1

바나나는 껍질을 벗기고 1cm 두께로 잘라놓으세요.

2

호두는 속껍질을 벗기고 종이를 깔고 곱게 다져놓습니다.

3

팬에 버터를 두르고 준비한 바나나를 올려 노릇하게 구워주세요.

4

바나나가 노릇하게 잘 구워지면 그릇에 담고 다진 호두를 뿌려 완성합니다.

tip

호두 다지는 방법

호두는 뜨거운 물에 담가 속껍질을 벗긴 다음 종이를 깔고 곱게 다집니다. 종이를 까는 건 호두의 기름기가 도마에 배지 않도록 하기 위해서랍니다.

조린 사과 치즈 구이

사과는 익혀서 먹으면 단맛이 강해지면서 또 다른 맛을
냅답니다. 버터를 두르고 구워서 치즈를 얹어주면 아주
멋진 간식이 됩니다. 길게 슬라이스 해도 되지만 동그
랗게 잘라서 하면 더욱 예쁩답니다.

필요한 재료

사과 50g
버터 약간
유아용 무염치즈 ½장
미니 채소 약간

1
사과는 껍질째 깨끗이 씻은 다음 식초 물에 담가 두었다가 물기를 없앱니다.

2
사과를 둥글게 잘라서 씨 부분을 모양틀로 찍어내세요.

3
팬에 버터를 두르고 사과를 얹어 구워줍니다.

4
구운 사과 위에 치즈를 잘라서 얹고 살짝 더 구워냅니다. 미니 채소를 사과 가운데 담아내면 예쁘게 완성된답니다.

tip

아기 음식도 예쁘게
아기가 시각적으로 예쁜 형태의 이유식을 먹는 것도 이유식을 즐겁게 먹는 방법 중의 하나랍니다. 둥글게 자른 사과를 먹여주면서 아기에게 만든 과정을 설명해주면 이유식 시간이 더욱 즐거워진답니다.

삶은 밤 과일 버무리

몇 가지 과일을 준비해서 삶은 밤에 버무려주면 색다른 맛을 즐길 수 있답니다. 아이가 먹기 좋은 크기로 잘라서 으깬 밤에 섞어주기만 하면 되니 만드는 방법도 정말 간단하답니다.

필요한 재료

삶은 밤 3개

사과 20g

바나나 20g

파인애플 20g

1 밤은 속껍질을 깨끗이 벗기고 가늘게 채 썰어 놓으세요.

2 채 썬 밤에 물을 넉넉히 붓고 푹 무르게 삶아준 다음 곱게 으깨줍니다.

3 사과와 바나나는 껍질을 벗기고 5mm 크기로 네모지게 썰어주세요. 파인애플도 사과와 같은 크기로 썰어서 준비하면 됩니다.

4 으깬 밤에 썰어놓은 과일들을 넣고 고루 잘 섞어 그릇에 담으면 완성입니다.

tip

바나나는 잘 익은 것으로

바나나는 껍질 표면에 검은 반점이 생긴, 잘 익은 것을 사용해야 한답니다. 덜 익은 바나나는 떫은맛이 나고 아기가 설사를 일으킬 수 있거든요.

감귤 오이 주스

감귤은 알레르기 요인이 있어 이유식 후기에 이르러서
야 사용할 수 있는 식품입니다. 오이와 함께 갈아서 주
스로 만들어 먹이면 비타민과 수분을 충분히 공급할
수 있답니다. 컵에 담아 마시게 하세요.

필요한 재료

감귤 1개
오이 20g
생수 ½컵

1

감귤은 껍질을 벗기고 과
육을 따로 떼어놓습니다.

2

블렌더에 감귤과 생수를
넣고 곱게 갈아 체에 걸러
주세요.

3

오이는 껍질째 깨끗이 씻
어 두꺼운 부분의 껍질은
조금 벗겨낸 다음 강판에
곱게 갈아서 체에 걸러주
세요.

4

감귤즙과 오이즙을 한데
섞어서 그릇에 담아냅니다.

tip

감귤 속껍질 벗기기

감귤의 속껍질을 벗기지 않으면 아기가 먹을 때 목에 걸릴 수 있
으므로 위험하답니다. 주스를 만들 때는 곱게 갈아서 반드시 체에
걸러주세요.

완료기 이유식
생후 12개월 이후

Part 6

돌을 전후로 하여 아기들은 정말 많이 달라진답니다. 걷기도 하고, 어설프지만 몇 마디 말도 하게 되고, 웬만한 알레르기 식품도 무리 없이 먹을 수 있게 됩니다. 또 태열기도 서서히 가시기 때문에 이유식에 대한 두려움이 사라진답니다. 적응할만 하니까 끝나는 셈이죠. 하지만 아직 안심해서는 안 됩니다. 갑자기 아기가 다 큰 것 같은 생각에 이것저것 먹이다 보면 오히려 탈이 나기 쉽거든요.

완료기 이유식에 대해 꼭 알아야 할 것들

생후 12~18개월의 아기에게 해당되는 이유식 시기입니다. 이 시기에는 어른들이 먹는 음식을 먹여도 된답니다. 하지만 아직도 간이 너무 세거나 양념을 많이 한 음식을 먹여서는 안 됩니다. 알레르기를 유발할 수 있는 식품도 이 시기에 이르면 거의 다 먹을 수 있게 됩니다. 다양한 재료를 조금씩 시도해보며 아기의 반응을 살피고, 아기에게 음식을 먹는 즐거움을 알려주세요.

advice 1 재료와 조리법

다양한 음식 재료에 도전 돌 이전에 금기시했던 식품들도 이 시기부터는 조금씩 먹일 수 있게 된답니다. 이젠 달걀흰자나 생우유, 딸기, 토마토 같은 식품도 조금씩 먹여보고, 알레르기 반응이 나타나지는 않는지 살펴보도록 하세요.

양질의 지방을 충분히 섭취해야 아기들에게 있어 지방은 두뇌발달과 성장을 위해 꼭 필요한 영양소 중 하나랍니다. 아기들은 칼로리의 많은 부분을 지방에서 섭취하기 때문에 만 2세까지는 특히 지방 섭취가 매우 중요하답니다. 아기가 만 4~5세가 되면 어른과 마찬가지로 전체 칼로리의 1/3 정도만 지방으로 섭취하는 것이 좋답니다.

우유는 하루에 400~500ml 돌이 지난 아기에게 먹이는 생우유는 하루에 400~500ml 정도가 적당하답니다. 우유를 많이 마시는 것도 편식이기 때문에, 식사를 제대로 하는 아기라면 하루 400~500ml의 우유만으로도 성장에 필요한 칼슘과 비타민 D를 충분히 섭취할 수 있답니다. 2세까지는 아기에게 저지방 우유를 먹이면 안 되고, 두 돌이 지나면 저지방 우유를 먹여도 괜찮습니다.

배추

 먹이는 방법

아기도 아침은 꼭 먹여야 영양분을 골고루 섭취할 수 있도록 다섯 가지 식품군을 고루 먹여야 합니다. 특히 아침식사는 거르지 않고 먹여야 합니다. 잠자는 사이 아무 것도 먹지 않은 아기가 허기진 상태에서 아침을 거르게 되면 성장에 필요한 영양분이 제대로 공급되지 않아서 성장, 발달에 지장을 초래할 수 있답니다.

식습관 지도는 단호하게 아기가 음식을 어느 정도 먹다가 더 이상 먹지 않고 딴 짓을 한다면 과감하게 식탁을 치우는 것이 좋습니다. 이유기에 오랜 시간 아기에게 끌려 다니면서 음식을 먹이게 되면 아기의 식습관이 나빠지므로 엄마의 단호한 대처가 필요합니다. 특히 밥을 잘 먹던 아기가 갑자기 음식 그릇을 일부러 뒤엎거나 손으로 주물러 바닥에 떨어뜨리는 등의 행동을 하면 바로 식탁을 정리하는 것이 좋습니다. 하지만 이럴 때 너무 과민반응을 보이며 야단을 치면 오히려 부정적인 면에서 강화가 되어 아기가 습관적으로 이런 행동을 할 수 있으므로 주의해야 한답니다. 이럴 때는 "이제 그만 먹고 싶구나" 하며 자연스럽게 행동하는 것이 좋습니다.

싫어하는 음식은 다른 조리법으로 지금까지는 엄마가 주는 대로 다 받아먹던 아기라도 이제부터는 편식을 시작할 수도 있습니다. 아기가 먹기 싫어하는 것을 억지로 먹이려고 하거나 아기가 싫다고 하는데도 영양소를 고루 갖춰주려는 욕심에 강요를 하게 되면 아기가 음식을 먹는 일 자체에 흥미를 잃어버릴 수도 있답니다. 아기가 싫어하는 재료는 조리법을 바꾸거나, 잘게 썰어서 아기가 좋아하는 재료와 함께 섞어서 먹이는 것이 현명한 대처 방법이랍니다.

 주의사항

돌 직후 식욕 저하는 정상 돌이 지난 아기는 갑자기 식욕이 떨어져 먹는 양이 줄어드는데, 이는 정상적인 성장의 한 과정이라 걱정하지 않아도 된답니다. '캐치다운 그로스 (catch-down growth)'라 부르는 이 과정은 아기의 발달이 충분히 될 때까지 성장이 일단 둔화되는 현상을 말합니다. 흔히 돌을 전후해서 이런 현상이 나타나는데, 태어날 때 몸무게가 많이 나간 아기들은 이런 현상이 조금 빨리 나타날 수도 있습니다. 하지만 이 시기가 너무 길어지면 영양공급에 문제가 생길 수 있으므로 아기의 컨디션과 건강상태를 확인해볼 필요가 있습니다.

완료기 이유식도 되도록 싱겁게 이유기의 입맛은 평생의 입맛을 좌우할 수 있습니다. 완료기에 이르면 된장, 간장, 소금 등으로 이유식에 간을 할 수 있지만, 아직은 이유식이라는 점을 감안하여 아주 극소량만 사용하는 것이 좋습니다.

유아식 단계에서도 방심은 금물 보통 아기가 생후 16~18개월이 되면 유아식을 시작합니다. 이때부터 생후 36개월까지를 초기 유아식, 36개월~만 5세까지를 후기 유아식으로 분류합니다. 유아식 단계에서는 하루 세끼 밥과 국으로 이루어진 식사를 주고, 끼니 중간에 간식을 먹이면 됩니다.
하지만 이때도 아기의 소화기관은 아직 약하답니다. 아기가 충분히 걷고 달리며 말을 하다보면 이제 다 컸다는 생각에 아무래도 방심하게 됩니다. 이유식이 만 24개월에 어른들과 같은 형태의 식사를 하는 것을 목표로 하고 있지만, 아기의 건강을 위해 모든 음식은 싱겁고 자극이 없게 만들어야 한답니다.

당근 볶음밥 오믈렛

볶음밥은 다양한 채소를 한꺼번에 먹일 수 있는 아주 멋진 음식입니다. 게다가 달걀로 감싸서 오믈렛으로 만들면 아이들이 아주 좋아한답니다. 달걀을 부드럽게 스크램블하는 게 포인트랍니다.

필요한 재료

당근 10g   달걀 ½개

피망 5g

새우살 5g

밥 3큰술

올리브유 소량

1
당근은 껍질을 벗기고 작
고 네모지게 썰어주세요.

2
피망과 새우 살도 당근과
비슷한 크기로 썰어줍니다.

3
팬에 올리브유를 두르고
당근과 새우 살을 넣어
볶다가 밥과 피망을 넣어
볶습니다.

4
팬에 올리브유를 두르고
준비해둔 달걀물을 부어
가볍게 스크램블해준 다
음 그 위에 (3)의 볶음밥
을 얹고 갸름하게 모양을
만들어 완성해줍니다.

tip

스크램블은 약한 불에서

오믈렛을 만들 때 달걀 스크램블을 잘 해야만 부드러운 오믈렛을
만들 수 있답니다. 스크램블은 약한 불에서 재빨리 마무리하세요.

배추 된장 우동

아기들은 대부분 밀가루 음식을 좋아합니다. 부드럽고
미끈거리는 느낌 때문인가 봐요. 하지만 밀가루 음식을
자주 먹이는 것은 좋지 않답니다. 가끔 별식을 만들어
주는 정도가 좋을 것 같네요.

필요한 재료
데친 배추 10g
우동 30g
된장 소량
물 1컵 반

1

데친 배추는 5mm 크기로
잘게 썰어놓습니다.

2

된장은 물 1/2컵에 잘 풀어
준 다음 체에 내려주세요.

3

우동은 2cm 길이로 자른
다음 물 1컵을 붓고 끓이
는데, 우동이 부드러워지
면 준비된 된장물을 붓고
끓여줍니다.

4

여기에 준비해둔 배추를
넣고 국물이 1/2컵 정도가
될 때까지 끓여주면 된답
니다.

tip

된장 양 조절하기
이유식 완료기라 하더라도 이유식에 된장을 사용하는 양은 극소
량이어야 한답니다. 아기가 짠맛에 익숙해지면 좋을 게 없거든요.
이유식의 간은 되도록 싱겁게 하도록 하세요.

모시조개 스파게티

스파게티는 거의 모든 아이들이 좋아하는 별식입니다.
이유식에 스파게티를 활용할 때는 스파게티 면을 충분
히 삶아주어야 하며, 모시조개 해감을 완벽하게 제거해
주어야 한답니다.

필요한 재료

모시조개 3개

당근 10g

올리브유 ½큰술

스파게티 면 15가닥

물 2컵

1

모시조개는 옅은 소금물에 담가 해감을 토하게 한 뒤 물 1/2컵을 붓고 끓입니다. 모시조개가 입을 벌리면 조갯살을 꺼내서 잘게 썰어두세요.

2

당근은 껍질을 벗기고 굵직하게 다져놓습니다.

3

냄비에 물 2컵을 붓고 스파게티 면을 넣어 15분 정도 푹 삶아준 다음 체에 걸러 물기를 빼고 1~2cm 길이로 잘라주세요.

4

팬에 올리브유를 두르고 잘게 썬 조갯살과 당근을 넣어 볶다가 스파게티 면과 조개국물을 넣고 국물이 거의 없어지도록 볶아서 그릇에 담습니다.

tip

소금 간은 하지 마세요

보통 때 스파게티 면을 삶을 때는 물에 소금 간을 해야 합니다.
하지만 아기에게 먹일 스파게티는 그냥 맹물에 삶아야 한답니다.

토마토 비빔 쌀국수

면을 좋아하는 아이라면 쌀국수를 준비해주세요. 쌀국
수는 밀가루 국수보다 소화도 잘 되고 영양도 풍부하
니까요. 토마토를 넣어 신선하고 상큼한 맛을 살려주
면 아주 좋습니다.

필요한 재료

토마토 50g 간장 소량
쌀국수 10g 물 4큰술
양파 10g
팽이버섯 10g
참기름 ⅓작은술

1
토마토는 끓는 물에 데쳐 껍질을 벗기고 5mm 크기로 썰어주세요.

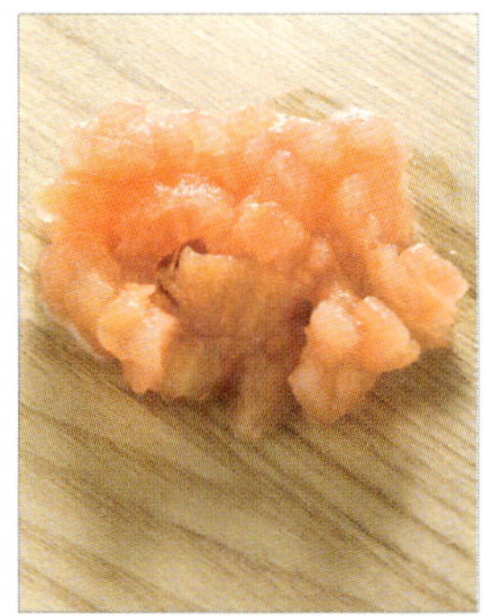

2
양파와 팽이버섯도 손질하여 토마토와 비슷한 크기로 썰어놓습니다.

3
물이 끓으면 쌀국수를 넣고 7분 정도 삶아 찬물에 헹군 다음 3cm 크기로 썰어주세요.

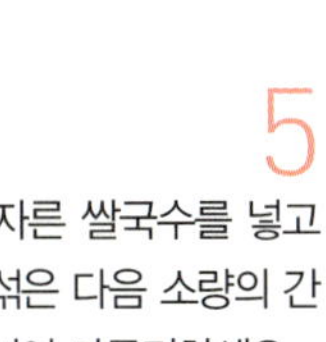

4
냄비에 참기름을 두르고 양파와 토마토를 넣어 볶다 팽이버섯과 물 4큰술을 넣고 더 볶아줍니다.

5
(4)에 자른 쌀국수를 넣고 고루 섞은 다음 소량의 간장을 넣어 마무리하세요.

들깨즙 두부탕

들깨는 머리를 맑게 해주며 조혈작용을 하기 때문에 성
장기 아이들에게 아주 좋은 식품이랍니다. 변비가 있을
때도 해먹이면 효과를 볼 수 있고요. 부드러운 두부로
탕을 끓여보세요.

필요한 재료
두부 30g
시금치 10g
들깨가루 1작은술
다시마 물 1컵
간장 소량

1

두부는 5mm 크기로 네모
지게 잘라 놓으세요.

2

시금치는 끓는 물에 데친
다음 짧게 잘라 놓습니다.

3

다시마를 넣어 우린 물을
냄비에 담고 두부와 시금
치, 소량의 간장을 넣고
끓입니다.

4

여기에 들깨가루를 넣고
살짝 더 끓여서 완성합
니다.

tip

콩가루 이용하기
들깨가루 대신에 콩가루를 사용해도 괜찮습니다. 생 콩가루를 물
에 잘 풀어서 같은 방법으로 이용하면 된답니다.

토란 쇠고기 무국

이유식 완료기에는 진밥과 국으로 아기 식사를 준비하
는 것도 괜찮습니다. 아기들도 엄마 아빠가 먹는 것처
럼 먹고 싶어 하거든요. 토란과 쇠고기는 식품궁합도
좋아 영양 흡수도 아주 좋답니다.

필요한 재료

알토란 1개 다시마 1장
쇠고기 20g 물 1컵 반
무 20g
참기름 ½작은술
국간장 소량

1

알토란은 껍질을 두껍게 벗기고 작고 네모지게 썰어서 준비합니다.

2

쇠고기는 잘게 다져 놓고, 무도 껍질을 벗긴 뒤 알토란과 비슷한 크기로 썰어주세요.

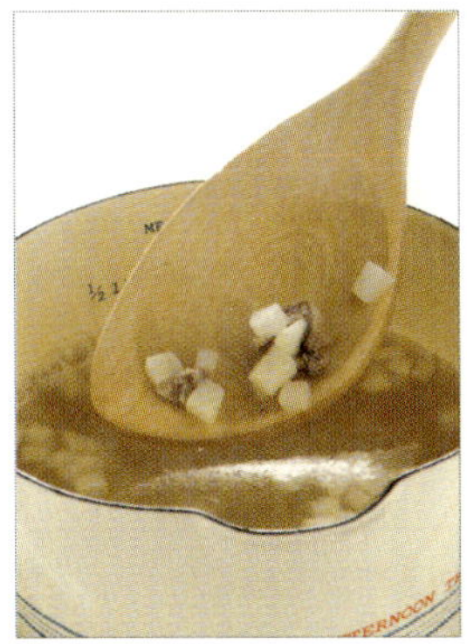

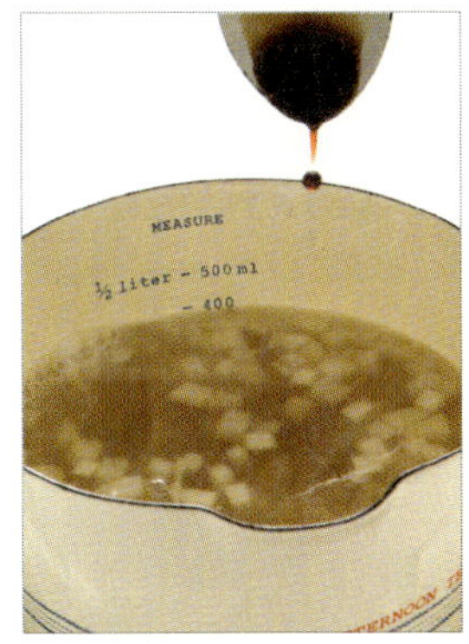

3

냄비에 참기름을 두르고 쇠고기와 알토란, 무를 넣고 볶다가 물을 부어줍니다.

4

여기에 다시마를 넣어준 다음 중불에서 은근히 끓인 뒤 국간장으로 약하게 간을 하면 된답니다.

tip

불 조절하기

냄비에 참기름을 두르고 쇠고기와 토란, 무를 넣고 볶아줄 때는 중불에서 은근히 볶아주는 것이 좋답니다. 센 불에서 볶다보면 냄비 표면에 쇠고기와 무가 눌러 붙어 나중에 육수의 맛이 개운하지 않거든요.

미역 새우살 무침

미역은 칼슘이 풍부해서 아기가 이가 나올 때 이유식으로 활용하면 좋은 식품이랍니다. 7개월 이후부터 자유롭게 활용할 수 있으므로 다양한 조리법으로 자주 해 먹이도록 하세요.

필요한 재료
불린 미역 10g
새우 1마리
오이 10g
간장 소량
참기름 소량

1

미역은 물에 푹 불려서 살짝 데친 다음 잘게 썰어 놓으세요.

2

새우는 등 쪽의 내장을 빼고 껍질을 벗긴 다음 끓는 물에 데쳐 잘게 다집니다.

3

오이는 겉껍질을 살짝 벗겨내고 잘게 썰어서 준비합니다.

4

볼에 미역과 새우, 오이를 담고 간장과 참기름을 소량씩 넣어 잘 버무려 그릇에 담으면 됩니다.

tip

새우 손질하기
새우는 등 쪽에 검은 내장이 들어 있는데, 이것을 빼지 않으면 아기가 그대로 먹게 된답니다. 이쑤시개나 꼬치를 이용하여 등 쪽의 내장을 빼고 사용하세요.

호두 단호박 샐러드

호두는 아이들의 두뇌발달에 좋은 것으로 알려져 있습
니다. 비타민도 풍부하고 단백질 함량도 높아서 이유식
에 활용하면 참 좋습니다. 돌 넘은 아기의 이유식 재료
로는 최고라고 할 수 있답니다.

필요한 재료

호두 1개

단호박 50g

플레인 요구르트 ½큰술

작은 채소 잎 약간

1

호두는 따뜻한 물에 담가 속껍질을 벗겨놓으세요.

2

단호박은 껍질을 벗기고 5mm 크기로 네모지게 자른 다음 물을 붓고 삶습니다.

3

볼에 단호박과 호두를 담고 플레인 요구르트를 넣어 고르게 섞어주세요.

4

그릇에 보기 좋게 담고 작은 채소 잎을 곁들이면 완성입니다.

tip

호두 껍질 벗기기

호두는 따뜻한 물에 담갔다가 이쑤시개나 꼬치로 속껍질을 벗겨내면 쉽게 벗길 수 있답니다. 그러나 뜨거운 물에 너무 오래 끓이면 떫은맛이 나므로 주의하세요

쇠고기 시금치 볶음

쇠고기와 시금치를 함께 볶으면 영양적으로 매우 우수
한 반찬이 된답니다. 이렇게 만든 쇠고기 시금치 볶음
을 반찬으로 먹여도 되고, 밥과 함께 살짝 비벼 비빔밥
처럼 만들어 먹여도 좋답니다.

필요한 재료

다진 쇠고기 20g

시금치 30g

올리브유 약간

1

쇠고기는 종이타월에 싸서 핏물을 뺀 다음 곱게 다져놓습니다.

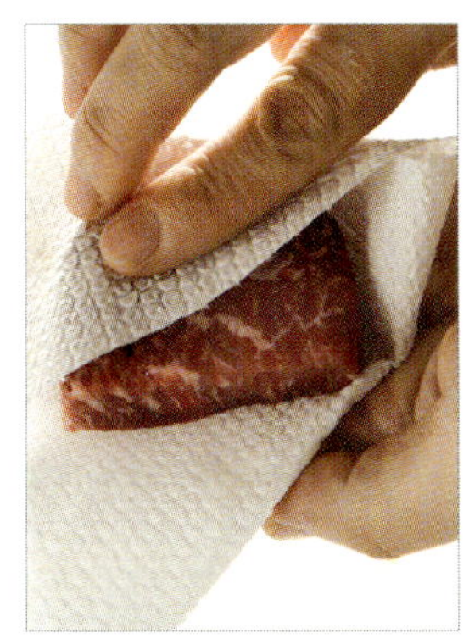

2

시금치는 다듬어 씻어 끓는 물에 데친 다음 찬물에 헹궈 물기를 짜고 짧게 잘라주세요.

3

팬에 올리브유를 두르고 다진 쇠고기를 볶습니다.

4

(3)에 짧게 자른 시금치를 넣어 쇠고기와 함께 볶으면 됩니다.

tip

볶음 요리 주의사항

완료기 이유식이라 하더라도 볶음에 사용하는 기름은 최대한 적게 사용하는 것이 좋습니다. 기름이 많으면 아기가 이유식을 소화시키는 데 시간이 오래 걸릴 수 있답니다.

닭살 치즈 볶음

닭고기 볶음에 치즈를 좀 넣어주면 전혀 새로운 맛을
낼 수 있습니다. 특히 치즈의 독특한 향이 닭고기 고유
의 누린내를 없애주기 때문에 고기를 싫어하는 아기들
도 잘 먹는답니다.

필요한 재료
닭가슴살 30g
유아용 무염치즈 ½장
포도씨유 1작은술

1
닭가슴살은 얇은 막을 벗
겨내고 씻어서 물기를 제거
한 뒤 곱게 다져놓으세요.

2
유아용 무염치즈는 비닐째
칼등으로 곱게 다집니다.

3
팬에 포도씨유를 두르고
닭가슴살을 넣어 볶아주
세요.

4
여기에 다진 치즈를 넣고
재빨리 버무려 그릇에 담
으면 됩니다.

tip

치즈 조리법
닭살치즈볶음을 만들 때는 마지막에 치즈를 넣어야 치즈의 모양
도 살리고 향도 살릴 수 있답니다. 치즈를 중간에 넣어 버무리면
치즈의 형태도 사라져 버리고 향도 많이 약해진답니다.

돼지고기 피망 잡채

돼지고기에 몇 가지 채소를 넣어 잡채를 만들면 마치
중국요리처럼 먹을 수 있답니다. 특히 돼지고기와 피망
은 아주 잘 어울리는 재료랍니다. 아기가 편식을 하지
않도록 갖은 채소를 골고루 먹이세요.

필요한 재료

돼지고기 40g   **간장** 소량
피망 20g
양파 10g
당근 10g
올리브유 1작은술

1
돼지고기는 안심으로 준
비하여 가늘고 짧게 채를
썰어놓으세요.

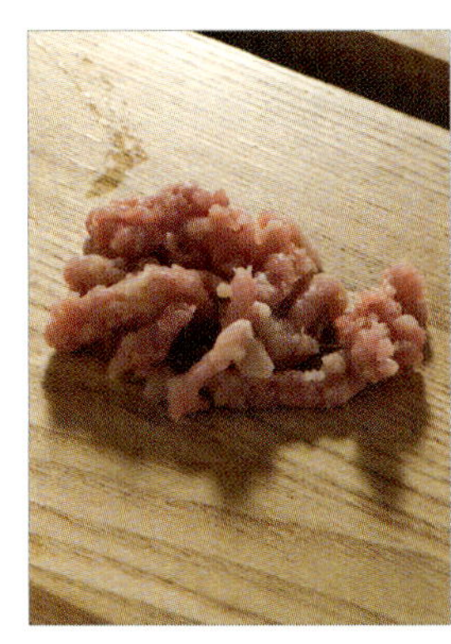

2
피망은 씨를 제거한 뒤 가
늘게 채 썰고, 양파와 당
근도 손질하여 가늘게 채
를 썹니다.

3
팬에 올리브유를 두르고
양파와 채 썬 돼지고기를
넣어서 볶습니다.

4
여기에 당근과 피망을 넣
고 볶아준 다음 간장을
살짝 넣어 약하게 간을
합니다.

tip

돼지고기 선택법
돼지고기는 기름기가 적은 안심을 채 썰어 이유식에 이용하는 것
이 기름기도 적고 담백해서 좋답니다. 다른 부위를 이유식에 쓸
때는 지방 부분을 떼어내고 사용하는 것이 좋습니다.

귤즙 닭살 조림

닭가슴살에 귤즙을 넣어 조리를 하면 퍽퍽한 맛을 줄여주고 상큼한 맛을 살려준답니다. 특히 감귤은 비타민 C가 풍부해서 아기가 감기에 걸리지 않도록 면역력을 강화해준답니다.

필요한 재료

감귤 ½개　　　물 ¼컵
닭가슴살 50g
애호박 10g
당근 10g
간장 소량

1 감귤은 껍질을 벗기고 과육을 떼어낸 후 곱게 갈아서 체에 걸러주세요.

2 닭가슴살은 얇은 막을 벗겨내고 가늘게 채를 썰어 준비합니다.

3 애호박과 당근은 각각 손질하여 가늘게 채 썰어 놓습니다.

4 냄비에 닭가슴살과 무를 넣어 익히다가 감귤즙과 당근, 애호박을 넣어 조려주세요. 거의 다 조려질 즈음 간장을 약간 넣어주면 된답니다.

tip

닭가슴살 손질하기

닭가슴살을 둘러싸고 있는 얇은 막은 질깃해서 아기가 먹을 때 넘기기가 어려울 수도 있답니다. 아기가 부드럽게 먹을 수 있도록 반드시 벗겨내고 요리에 이용하도록 하세요.

고등어 우유 조림

고등어에는 DHA와 EPA가 많이 들어 있어 아기들의 두
뇌발달을 도와준답니다. 특유의 비린내가 거부감을 줄
수 있지만 우유와 함께 조리를 하면 맛과 냄새가 한결
부드러워진답니다.

필요한 재료
고등어 50g
우유 ¼컵
당근 10g
미니 채소 약간
물 ½컵

1
고등어는 살만 포를 떠서 준비해놓으세요.

2
당근은 껍질을 벗기고 가늘게 채를 썰어 준비해둡니다.

3
냄비에 물과 우유를 넣고 불에 올려 한소끔 끓어오르면 고등어와 당근을 넣어 조려주세요.

4
국물이 거의 없어지고 고등어가 잘 조려지면 미니 채소를 넣어 마무리합니다.

tip

고등어 비린내 없애기
등푸른생선인 고등어는 비린내가 나서 아기가 거부할 수도 있답니다. 요리하기 전에 고등어에 레몬즙을 뿌려두면 비린내를 줄일 수 있답니다.

팽이버섯 크림소스 구이

갖가지 채소를 준비해서 크림소스에 버무린 다음 오븐
구이를 해주면 담백하면서도 진한 맛을 느낄 수 있답
니다. 오븐을 사용하는 게 번거로울 수도 있지만 이유
식도 다양한 조리법을 시도해봐야 한답니다.

필요한 재료

팽이버섯 30g   빨간 파프리카 20g

버터 10g

밀가루 10g

우유 ¼컵

노란 파프리카 20g

1 팽이버섯은 밑동을 자르고 2cm 길이로 잘라 준비하세요.

2 노란 파프리카와 빨간 파프리카도 씨를 제거하고 가늘게 채를 썰어 놓습니다.

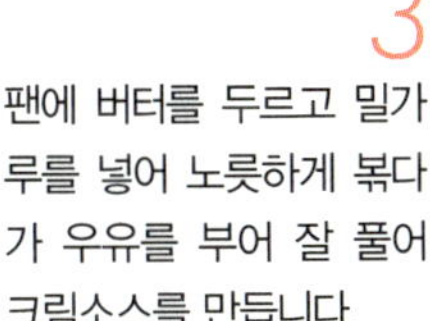

3 팬에 버터를 두르고 밀가루를 넣어 노릇하게 볶다가 우유를 부어 잘 풀어 크림소스를 만듭니다.

4 크림소스에 파프리카와 팽이버섯을 넣고 가볍게 섞어준 다음 오븐 용기에 담고 180℃로 예열된 오븐에서 7분간 구워내면 된답니다.

크림소스는 따뜻한 우유로

팬에 버터와 밀가루를 넣고 볶다가 우유를 붓는데, 이때 따뜻한 우유를 사용하면 더 잘 풀어진답니다. 찬 우유가 들어가면 서로 엉겨서 풀어주는 데 많은 시간이 필요하거든요.

파인애플 치즈 구이

파인애플은 익히면 더 달콤하고 소화가 잘 되기 때문에
음식에 이용하기 좋은 과일입니다. 섬유소도 풍부하고
소화도 잘 되기 때문에 변비가 있는 아기들에게 해먹여
도 좋답니다.

필요한 재료

파인애플 슬라이스 ½조각
유아용 무염치즈 ½장
버터 소량

1 파인애플은 네모지게 잘라서 준비합니다.

2 유아용 무염치즈는 비닐째 네모지게 잘라놓습니다.

3 팬에 버터를 두르고 파인애플을 넣어 노릇하게 구워냅니다.

4 여기에 잘라놓은 치즈를 올리고 살짝 더 구워서 완성합니다.

tip

파인애플 레시피 응용하기

파인애플을 생으로 잘 먹는 아기라면 약간의 치즈를 얹어 색다르게 조리해봅니다. 엄마의 아이디어가 곧 새로운 레시피로 이어진답니다.

시금치 치즈 식빵 구이

카나페 스타일로 만든 이 식빵구이는 아기는 물론 어
른들이 먹어도 무척 맛있답니다. 작고 동그랗게 만들어
하나씩 손으로 집어먹을 수 있게 하면 아기들이 무척
재미있어한답니다.

필요한 재료

데친 시금치 10g

사과 10g

식빵 1장

유아용 무염치즈 ½장

버터 약간

1

데친 시금치는 물기를 뺀 뒤 곱게 다지고, 식빵은 모양틀로 찍어서 준비해 두세요.

2

사과는 껍질을 벗기고 얇게 슬라이스하여 버터를 두르고 굽습니다.

3

유아용 무염치즈는 비닐째 칼로 잘라서 준비해놓으세요.

4

식빵 위에 데친 시금치와 구운 사과를 얹고 위에 슬라이스 치즈를 얹어 팬에서 살짝 구워내면 된답니다.

치즈는 비닐째 준비하세요

유아용 무염치즈는 포장 비닐을 그대로 둔 채 자르는 것이 좋답니다. 비닐을 벗기고 도마 위에서 자르면 치즈가 도마에 붙어서 떼어내기가 어렵거든요. 그리고 웬만한 도마보다는 비닐포장이 더 위생적이랍니다.

연어 콩가루무침 구이

연어는 DHA도 풍부하고 비타민도 다양하게 함유하고 있어 성장기 아이들에게 꼭 필요한 식품입니다. 하지만 알레르기 요소가 있기 때문에 8~12개월 이후에 먹이도록 하세요.

필요한 재료

연어 살 30g

사과즙 1작은술

콩가루 1작은술

올리브유 소량

1

연어 살은 2cm 크기로 넓적하게 포를 뜨듯이 썰어서 준비합니다.

2

(1)의 연어 살에 사과즙을 뿌려 밑간을 해두세요.

3

밑간을 한 연어 살에 콩가루를 가볍게 묻혀주세요.

4

달구어진 팬에 올리브유를 두르고 콩가루를 묻힌 연어 살을 올려 노릇하게 굽습니다.

tip

이유식엔 볶은 콩가루를

연어 살에 묻히는 콩가루는 볶은 콩가루여야 합니다. 그냥 콩가루를 사용했을 때 충분히 익히지 않으면 아기가 설사를 할 수 있거든요.

고구마 채소 동그랑땡

동그랑땡은 간식으로, 또는 반찬으로 활용도가 높은
음식입니다. 고구마를 기본으로 하여 몇 가지 채소를
넣어주면 맛도 부드럽고 영양도 풍부해집니다. 특히 고
구마는 카로틴과 섬유소, 칼륨 등이 풍부하답니다.

필요한 재료

고구마 1개(70g) 포도씨유 적당량

애호박 10g

양파 10g

유아용 무염치즈 ⅓장

밀가루 2큰술

1

고구마는 껍질을 벗긴 다음 강판에 곱게 갈아서 준비해둡니다.

2

애호박과 양파는 각각 손질하여 잘게 다져놓고, 치즈도 잘게 다져놓습니다.

3

갈아둔 고구마에 밀가루를 넣어 섞어준 다음 애호박과 양파, 치즈를 넣어 고루 섞어주세요.

4

달구어진 프라이팬에 포도씨유를 두르고 (3)의 반죽을 얹어 양면이 노릇해질 때까지 지집니다.

tip

밀가루의 역할

고구마만 갈아서 채소를 넣고 부치면 끈기가 없어서 잘 부쳐지지 않는답니다. 바로 이럴 때 밀가루가 필요하답니다. 밀가루를 조금만 넣어도 부침이 한결 수월해진답니다.

애호박 은행 부침

신선한 애호박에는 비타민과 무기질이 풍부하게 함유
되어 있으며 맛도 달콤하고 부드럽답니다. 하지만 아기
들은 별로 안 좋아하는 것 같아요. 강판에 갈아 몇 가지
채소를 넣어 부쳐주면 거부감 없이 잘 먹는답니다.

필요한 재료

애호박 30g

은행 10g

양파 1작은술

당근 10g

찹쌀가루 1큰술 반

포도씨유 적당량

1

애호박은 물기를 없애고 강판에 곱게 갈아둡니다.

2

은행은 프라이팬에 기름을 두르고 볶은 다음 속 껍질을 벗겨내고 곱게 다집니다. 당근과 양파도 잘게 다져서 준비합니다.

3

볼에 준비한 애호박과 찹쌀가루를 넣고 고루 섞은 다음, 양파와 당근, 다진 은행을 넣어 섞어주세요.

4

팬에 포도씨유를 두르고 (3)의 반죽을 한 숟갈씩 떠서 노릇하게 지집니다.

tip

반죽하는 노하우

애호박을 갈아서 부침을 하기 때문에 반죽이 조금 질 수 있답니다. 이럴 때는 찹쌀가루에 밀가루를 좀 넣어서 부침을 해도 좋답니다.

새우살 채소전

새우는 단백질과 칼슘이 풍부하며 인, 요오드, 철분, 비
타민 등 다양한 영양을 담고 있습니다. 게다가 고소한
향이 매력적인 식품이죠. 알레르기 요소가 있긴 하지만
조금씩 시도하며 반응을 살펴 먹이도록 하세요.

필요한 재료

새우 살 50g　　물 2큰술

양배추 10g　　올리브유 적당량

팽이버섯 10g

밀가루 ¼컵

달걀물 2큰술

1

새우는 소금물에 흔들어 씻어 껍질을 벗기고 살로만 준비하여 곱게 다져놓으세요.

2

양배추와 팽이버섯은 각각 손질하여 곱게 다져둡니다.

3

볼에 밀가루와 달걀물, 물을 넣고 거품기로 잘 풀어주세요. 여기에 새우 살과 양배추, 팽이버섯을 넣어 고루 섞어줍니다.

4

달구어진 프라이팬에 올리브유를 두르고 (3)의 반죽을 작고 둥글게 얹어 노릇하게 지집니다.

tip

밀가루 반죽 노하우

채소를 섞기 전에 밀가루 반죽을 거품기로 고루 섞어 덩어리가 생기지 않게 해주세요. 반죽을 대충 섞다보면 나중에 전을 부친 뒤 덩어리 밀가루가 나올 수 있답니다.

오징어 채소전

오징어는 고단백 저지방 식품이라 활동량이 많은 아이들에게 정말 좋은 영양 공급원이 된답니다. 하지만 소화가 잘 안 되기 때문에 잘 다져서 조리를 하는 것이 좋고, 채소로 비타민과 무기질 등을 보완해주는 것이 좋답니다.

필요한 재료

오징어 50g   밀가루 ¼컵

양파 10g   물 2큰술

애호박 10g   포도씨유 적당량

당근 10g

달걀물 2큰술

1

오징어는 껍질을 벗기고 잘게 다져놓으세요.

2

양파와 애호박, 당근은 각각 손질한 뒤 곱게 다져놓습니다.

3

볼에 밀가루와 달걀물, 물을 넣고 고루 섞어줍니다. 여기에 오징어와 양파, 애호박, 당근을 넣어 섞습니다.

4

달구어진 프라이팬에 포도씨유를 두르고 (3)의 반죽을 작고 둥글게 얹어 노릇하게 지져냅니다.

tip

오징어 고르기

오징어는 크기가 작은 것으로 준비하여 껍질을 벗긴 뒤 곱게 다지는 것이 좋습니다. 오징어의 껍질은 아기가 먹기에는 너무 질기거든요.

대구살 파프리카 크로켓

대구는 지방이 적고 맛이 담백하여 활용도가 높은 식
품입니다. 특히 살이 많아서 다양한 조리법을 시도해볼
수 있답니다. 파프리카, 단호박 등을 넣어 크로켓을 만
들면 맛도 달콤하고 영양배합도 아주 좋답니다.

필요한 재료

대구살 100g

빨간 파프리카 30g

단호박 50g

밀가루 ½컵

달걀 ½개

빵가루 1컵

포도씨유 적당량

1

대구 살은 뼈를 제거한 뒤 끓는 물에 삶아서 물기를 제거하고 분마기에서 곱게 찧어 놓으세요.

2

파프리카는 씨를 빼내고 2mm 크기로 잘게 썰고, 단호박은 삶아서 곱게 으깬 뒤 (1)을 섞어 둥글게 모양을 만듭니다.

3

동그랗게 빚어놓은 완자에 밀가루, 달걀물, 빵가루 순으로 튀김옷을 입혀 주세요.

4

준비한 크로켓을 170℃의 포도씨유에 노릇하게 튀겨서 기름기를 빼고 그릇에 담습니다.

tip

튀김옷 손질하기

크로켓을 만들 때 쓰는 빵가루는 옷을 입히기 전에 스프레이로 가볍게 물을 뿌려 촉촉하게 해주는 것이 좋답니다. 너무 바짝 마른 빵가루는 기름에 튀겼을 때 금방 타버리거든요.

산딸기 고구마 샌드위치

샌드위치는 아이들이 무척 좋아하는 간식 중 하나로,
빵 사이에 다양한 재료를 넣어 영양을 공급할 수 있답
니다. 상큼한 산딸기와 달콤한 고구마를 섞어 샌드를
해주면 정말 맛있게 먹는답니다.

필요한 재료

산딸기 20g

고구마 ½개

플레인 요구르트 1작은술

식빵 1장

1

산딸기는 흐르는 물에 깨끗이 씻은 후 식초를 탄 물에 잠시 담가 두었다가 물기를 완전히 제거하고 으깨주세요.

2

고구마는 껍질을 벗기고 잘게 썰어서 물을 넣고 삶은 다음 곱게 으깨놓으시고요.

3

식빵은 가장자리를 자르고 반으로 잘라 놓습니다.

4

으깨 놓은 고구마에 으깬 산딸기를 넣고 플레인 요구르트를 넣어 고르게 섞은 다음 식빵 사이에 샌드하여 완성하면 된답니다.

tip

식초로 농약 잔류물 없애기

과일을 씻을 때는 흐르는 물에 잘 씻은 다음 볼에 물을 담고 식초 몇 방울을 떨어뜨린 다음 담가 놓으면 농약 잔류물 등을 제거할 수 있답니다. 몇 분 정도 담가두었던 과일은 흐르는 물에 다시 깨끗이 씻어서 먹이면 됩니다.

배 포도 조림

배는 소화가 잘 되고 이뇨작용을 도와 신진대사를 원
활하게 해주는 과일입니다. 특히 익혔을 때 더욱 깊은
맛을 내기 때문에 활용도가 높답니다. 포도와 함께 조
리하면 색과 향이 더욱 좋답니다.

필요한 재료
배 50g
포도 10알
물 1컵

1 배는 껍질을 벗긴 뒤 1cm 크기로 네모지게 썰어둡니다.

2 포도는 껍질을 벗기고 씨를 제거한 다음 반으로 잘라 놓습니다.

3 포도 껍질을 분마기에 물과 함께 넣고 으깬 뒤 체에 걸러둡니다.

4 준비한 재료들을 모두 냄비에 담고 약한 불에서 은근히 끓여 국물이 거의 없어질 때까지 졸여서 완성합니다.

tip

포도 껍질 활용법
포도는 껍질까지 먹는 것이 영양 면에서 좋답니다. 껍질은 물과 함께 믹서에 갈아 걸러낸 다음 조리할 때 넣어도 좋답니다.

플레인 요구르트 모둠과일

오이는 향기가 좋고 맛이 시원해서 아기에게 새로운 맛
을 경험하게 하고 싶을 때 시도해볼 만한 재료입니다.
아기에게 수분을 공급하는 데도 아주 좋답니다. 단, 아
직 초기인 만큼 즙만 사용해야 합니다.

필요한 재료

플레인 요구르트 3~4큰술
수박 20g
사과 20g
바나나 20g

1

플레인 요구르트는 요구르트 발효기에서 발효시켜 단맛이 없는 것으로 준비합니다.

2

수박 과육은 씨를 제거하고 잘고 네모지게 썰어주세요.

3

사과도 껍질을 벗기고 수박과 비슷한 크기로 썰고, 바나나도 껍질을 벗겨 같은 크기로 썰어두세요.

4

이제 플레인 요구르트에 수박과 사과, 바나나를 넣어 섞고, 위에 과일을 조금 얹어 장식해 주면 완성입니다.

tip

엄마가 만드는 플레인 요구르트

시중에서 파는 플레인 요구르트는 단맛이 들어간 것이 많고, 무가당이라도 약간의 첨가물이 들어가 있답니다. 아기에게 먹일 것은 좀 귀찮더라도 꼭 엄마가 직접 발효시켜서 준비하세요.

유아기 간식
생후 18개월 이후

Part 7

돌 이후 아기의 성장은 잠시 주춤하는 듯합니다. 하지만 혼자서 걷거나 높은 곳을 오르내리느라 바빠서 열량소모가 많답니다. 이제 아기는 하루 세 번의 이유식과 우유 외에도 간식을 필요로 합니다. 이유식만으로 부족한 열량을 채워주고 음식에 대한 아기의 호기심과 즐거움을 채워줄 수 있도록 다양한 간식을 만들어주세요. 간식을 만들며 아기와 함께하는 시간도 엄마에겐 큰 즐거움이랍니다.

유아기 간식에 대해 꼭 알아야 할 것들

아기들은 위의 용적이 작아서 한꺼번에 먹을 수 있는 양이 얼마 되지 않는답니다. 그래서 아기가 어릴수록 조금씩 자주 먹여주는 것이 좋습니다. 이유식 사이사이에 간단한 음식을 만들어 먹이며 보다 다양한 음식을 접할 수 있게 해주면 아기의 미각이 보다 섬세하게 발달하게 된답니다. 또한 아기에게 필요한 영양과 열량을 다양한 방법으로 구성할 수 있어 아기가 성장하는 데 도움을 줄 수 있답니다.

advice 1 재료의 선택

이유식과의 영양적 균형을 고려해서 구성한다 간식은 규칙적으로 먹여야 하는 이유식에 비해 심리적인 부담감이 덜합니다. 꼭 먹여야 하는 것이 아니라고 생각되기 때문이죠. 하지만 아기들은 간식도 여러 번의 식사 중 하나로 받아들인답니다. 이유식이나 우유를 먹고 2~3시간이 흐르면 아기들은 시장기를 느끼게 됩니다. 먹는 음식이라곤 거의가 우유 아니면 죽, 무른밥이잖아요? 그러니 소화가 잘 될 수밖에요. 간단하게는 두유나 과일을 간식으로 줄 수도 있지만 이유식과의 영양 균형을 고려해서 엄마가 직접 레시피를 구성하는 것이 좋답니다.

소화하기 좋은 재료들을 선정하여 조리한다 이유식에는 온갖 신경을 곤두세우는 엄마들도 간식에 대해서만큼은 좀 느슨해지곤 합니다. 하지만 간식은 이유식 못지않게 소화가 잘 되는 음식이어야 한답니다. 간편하게 먹을 수 있고 맛도 좋으면서 소화도 잘 되고, 수분을 공급해 줄 수 있으면 더욱 좋습니다. 정말 복잡하죠? 하지만 간식이라고 해서 달리 어렵게 생각할 필요는 없답니다. 그냥 이유식의 연장선상으로 생각하면 어렵지 않답니다.

가급적 자연 재료를 선택해 직접 조리한다 간식으로 인스턴트식품을 먹이다보면 걷
잡을 수 없게 된답니다. 대부분의 인스턴트식품은 염분과 당분이 너무 많이 들어 있어
서 아이들의 입맛을 망쳐놓고 말거든요. 이유식이건 간식이건 가급적 싱겁고 담백하게
먹이도록 하세요. 엄마가 귀찮고 수고스러운 만큼 아이들은 건강하게 자란답니다. 자
연 재료를 준비해서 집에서 엄마가 직접 조리하는 게 가장 좋은 방법이랍니다.

advice 2 먹이는 방법

간식은 하루 필요 열량의 10~15%선으로 구성한다 간식의 열량이 너무 많으면 아기
가 필요 이상의 열량을 섭취해 여러 가지 문제가 발생할 수 있습니다. 비만이나 변비
등이 대표적인 경우입니다. 간식은 한 번에 하루 필요 열량의 15%를 넘지 않도록 해야
합니다. 그 이상을 제공하면 다음 이유식 시간까지 소화가 되지 않아 아기가 이유식을
거부하는 일이 발생할 수 있답니다.

간식과 이유식은 2시간 이상 간격을 유지한다 간식은 이유식과 다음 이유식 중간에
먹이는데, 이유식과의 간격은 최소한 2시간 이상 되어야 한답니다. 식사시간에 가까워
져서 간식을 먹이면 식사를 제대로 할 수 없고, 아기의 성장에도 오히려 문제가 생길
수 있습니다. 위장이 비어야 성장호르몬이 왕성하게 분비되기 때문이랍니다. 밥 잘 먹
고 쑥쑥 크는 건강한 아기로 키우려면 일찍부터 간식을 절제하고 엄격하게 관리해주
어야 한답니다.

간식도 일정한 자리에 앉아서 먹도록 한다 간식은 이유식이나 밥과 달리 아무 곳에
서나 먹게 하는 경우가 많습니다. 하지만 모든 음식은 식탁에서 먹는 습관을 길러줘야
합니다. TV를 보면서, 혹은 책을 보면서 간식을 먹는 습관은 결국 비만으로 이어질 확
률이 매우 높습니다. 음식은 항상 정해진 자리에서 먹고, 먹고 난 뒤에는 양치를 해야
한다는 것을 일찍부터 가르쳐주는 것이 좋답니다.

advice 3 주의사항

오히려 영양을 마이너스 시키는 간식이 있다 아이가 밥을 잘 안 먹으면 간식이라도 챙겨 먹이려는 게 엄마들의 마음입니다. 뭐라도 먹어야 영양을 공급받을 수 있을 것이라는 생각에서입니다. 빵이건 과자건 밥보다는 못하더라도 영양이 있을 테니 일단 뭐라도 먹이고 보자는 것입니다. 하지만 이렇게 간식으로 밥을 대신하다 보면 결국 밥은 점점 더 멀어지고 만답니다. 간식으로 어떤 것을 먹일지 정한 뒤에는 가급적 원칙을 굽혀서는 안 됩니다. 특히 당분이 많은 주스, 카페인이 든 음료, 탄산음료, 과자류 등은 엄마들이 생각하는 것처럼 굶는 것보다 나을 게 없답니다. 이런 음식들은 오히려 영양을 마이너스 시키는데, 칼슘을 배출하고 비타민을 소모시키며, 수분을 부족하게 해서 아이들의 성장을 방해한답니다. 특히 설탕은 신경질적이고 참을성 없는 성격으로 변하게 하며, 뼈를 약하게 만들어 향후 골다공증의 원인이 된답니다.

간식과 아기의 학습 내용을 연결시키면 좋다 아이들은 놀면서 배우고 배우면서 논답니다. 간식 또한 아이의 학습내용과 연결시키면 학습도 즐거운 놀이의 하나가 될 수 있습니다. 예를 들어 '하나, 둘'을 배우고 있는 아이라면 개수를 셀 수 있는 작은 크기의 간식을 만들어주고, 'A, B, C'를 배우고 있는 아이라면 알파벳 모양의 쿠키를 만들어주는 식이죠. 아이가 한창 동물 이름을 익히고 있다면 토끼나 강아지 모양의 쿠키 만들어주면 좋겠죠? 또 아이들을 간식 만드는 과정에 참여시켜도 좋답니다. 안전하게 음식 재료를 갖고 놀 수 있는 밀가루 반죽 같은 걸 시켜보면 얼마나 좋아하는지 모릅니다. 이런 사소한 배려가 아이의 학습욕구를 자극한답니다.

치즈 감자 그라탱

아이들은 그라탱을 무척 좋아한답니다. 치즈 사이에 이
런저런 재료가 섞여 있어 먹는 재미가 있나봐요. 아이들
이 별로 안 좋아하는 당근, 단호박 같은 것을 넣어서 그
라탱을 만들어보세요.

필요한 재료

감자 1개

당근 10g

단호박 10g

버터 1작은술

슬라이스 치즈 1장

1

감자는 얄팍하게 썰어서 물에 잠시 담갔다가 건져 놓으세요.

2

당근과 단호박도 손질하여 얄팍하게 썰어둡니다.

3

팬에 버터를 두르고 감자와 당근, 단호박을 넣어 중불에서 은근히 볶아줍니다.

4

그라탱 용기에 (3)을 담고 슬라이스 치즈를 얹은 다음 180℃의 오븐에서 노릇하게 구워냅니다.

tip

감자 손질은 이렇게

감자는 얄팍하게 썰어 물에 담가두었다가 감자의 전분기를 없앤 다음에 불에서 볶아 요리에 이용하는 것이 좋답니다.

연어살 김 주먹밥

아이들이 음식을 손으로 집어먹는 것을 나무라지 마세
요. 손으로 음식을 집어 입으로 가져가는 동안에도 아
이들은 두뇌가 발달하거든요. 아이의 한입 크기 주먹밥
이라면 더욱 좋겠죠?

필요한 재료
연어 살 30g
김 ½장
밥 ½공기
피망 20g
버터 ½큰술

1

연어 살은 곱게 다져서 준비해두세요.

2

피망도 곱게 다지고, 김은 살짝 부숴놓으면 됩니다.

3

팬에 버터를 두르고 연어 살을 넣어 볶다가 피망을 넣어 볶습니다.

4

밥에 (3)을 넣고 부순 김을 넣어 섞은 다음 둥글게 뭉쳐서 주먹밥을 완성합니다.

tip

버터나 기름은 조금만

연어 살을 볶을 때 버터나 기름을 많이 넣고 볶으면 나중에 주먹밥을 뭉칠 때 잘 뭉쳐지지 않는답니다. 버터나 기름은 조금만 넣으세요.

미트볼 스튜

고기를 안 좋아하는 아이들에게 스튜는 좋은 영양식이
된답니다. 토마토케첩으로 만든 소스가 고기의 냄새를
없애주기 때문에 냄새에 민감한 아이들에게도 좋은 간
식이랍니다.

필요한 재료

다진 쇠고기 100g	밀가루 1큰술
양파 20g	버터 1큰술
빵가루 2큰술	토마토케첩 3큰술
시금치 10g	물 1컵
포도씨유 적당량	소금 약간

1

쇠고기는 다져서 준비하고, 양파와 데친 시금치도 곱게 다져놓으세요.

2

다진 쇠고기에 양파와 빵가루, 시금치, 소금을 약간 넣고 잘 섞어서 둥글넓적하게 완자를 빚어주세요.

3

팬에 포도씨유를 두르고 (2)를 올려 노릇하게 지져냅니다.

4

냄비에 밀가루와 버터를 넣어 볶다가 토마토케첩을 넣어 중불에서 오래도록 볶아줍니다.

5

여기에 토마토케첩을 넣고 고루 볶아준 다음 물을 붓고 잘 풀어주세요.

6

(5)의 소스에 미트볼을 넣고 맛이 어우러지도록 끓여주면 된답니다.

흰살생선 시금치 완자 꼬치

그냥 완자도 아이들이 좋아하는 간식이지만 꼬치에 꽂
아 손으로 들고 먹을 수 있으면 더욱 좋아하겠죠? 아이
들에게 꼭 필요한 생선과 시금치를 먹일 수 있어서 엄
마도 마음이 놓이고요.

필요한 재료

흰살생선 100g
시금치 30g
녹말가루 3큰술
달걀노른자 ½개
간장 ½작은술

1
흰살생선은 살로만 준비하여 곱게 다져둡니다.

2
시금치는 끓는 물에 데쳐 찬물에 헹군 다음 잘게 다져주세요.

3
볼에 다진 생선살과 시금치, 녹말가루, 달걀노른자, 간장을 넣고 잘 치댄 뒤 둥글게 완자를 빚습니다.

4
끓는 물에 완자를 넣어 데친 다음 꼬치에 꽂아줍니다.

tip

반죽은 충분히 치대세요

다진 생선살에 채소와 녹말가루, 달걀노른자를 넣고 충분히 치대주어야 나중에 완자를 빚어 끓는 물에 데쳐도 풀어지지 않고 모양을 그대로 유지한답니다.

방울토마토 카나페

방울토마토는 모양이나 색깔이 예뻐서 다양한 용도로
활용할 수 있답니다. 윗면을 잘라내고 몇 가지 재료를
섞어 장식하면 맛도 좋고 보기에도 그만이지요. 어른들
에게도 좋은 간식이랍니다.

필요한 재료

방울토마토 8개

오이 20g

바나나 ⅓개

플레인 요구르트 1큰술

1

방울토마토는 물에 씻어 물기를 제거한 다음 꼭지를 떼고 윗면을 약간 잘라 줍니다. 자른 윗면은 작은 숟가락으로 속을 파내주세요.

2

오이와 바나나는 각각 손질한 다음 작고 네모지게 썰어 놓으세요. 방울토마토의 윗면도 작게 썰어 놓으면 됩니다.

3

볼에 오이와 바나나, 방울토마토 썬 것을 담고 플레인 요구르트를 넣어 섞어주세요.

4

접시에 방울토마토를 담고 윗면에 (3)을 소복하게 담아서 완성합니다.

tip

방울토마토 모양내기

방울토마토의 자른 단면을 숟가락으로 잘 파주어야 위에 채소를 채울 때 예쁘게 모양을 내서 담을 수 있답니다.

돼지고기 양배추전

전은 번거로운 것 같지만 실제로 해보면 생각보다 간단하답니다. 그러면서도 특별한 음식이라는 느낌이 들지요. 무엇보다 아이에게 먹이고 싶은 다양한 재료를 활용할 수 있어 좋답니다.

필요한 재료

돼지고기 30g

양배추 30g

양파 10g

당근 10g

밀가루 3큰술

달걀물 2큰술

포도씨유 적당량

1

돼지고기는 살코기로 준비하여 곱게 채 썰어 놓으세요.

2

양배추와 양파는 손질하여 곱게 채 썰고, 당근도 채 썰어 놓습니다.

3

밀가루에 달걀물을 넣고 잘 섞어준 다음 돼지고기와 양배추, 양파, 당근을 넣어 섞어줍니다.

4

프라이팬에 포도씨유를 두르고 (3)을 넣어 노릇하게 지지면 된답니다.

tip

돼지고기 누린내 제거하기

채 썬 돼지고기에 생강즙이나 사과즙을 약간 넣고 살짝 재워두었다 사용하면 돼지고기의 누릿한 맛을 줄일 수 있답니다.

감자 호두무침 튀김

아이에게 먹이고 싶은 이런저런 재료들을 준비한 뒤 감
자를 메인으로 한 튀김을 만들어보세요. 아이들의 두뇌
발달에 도움이 되는 호두도 좀 넣어보시고요. 부드러우
면서도 고소한 맛이 별미랍니다.

필요한 재료

감자 1개 달걀 ½개
호두 10g 빵가루 ½컵
양파 10g 튀김기름 적당량
피망 10g
밀가루 3큰술

1

감자는 얇게 슬라이스를 하여 물을 넉넉히 부어 삶은 다음 곱게 으깨놓으세요.

2

양파와 피망은 곱게 다져서 준비하고, 호두도 곱게 다져 놓습니다.

3

으깬 감자에 양파와 피망을 넣어 잘 섞어준 다음 둥글게 뭉쳐놓습니다.

4

(3)에 밀가루, 달걀물, 호두를 섞은 빵가루를 차례대로 고루 묻혀 160℃의 튀김기름에 노릇하게 튀겨냅니다.

tip

튀김옷도 다양하게

빵가루에 호두를 섞는 대신에 다진 파슬리나 통깨, 검은깨, 슬라이스 아몬드 등을 섞어서 튀김옷으로 이용해도 좋답니다.

사과조림 춘권피 튀김

사과는 구이나 튀김에 무척 잘 어울리는 과일이랍니다.
또 맛이 달콤해서 춘권피에 말아서 튀기면 아주 특별한
맛이 난답니다. 아이와 함께 춘권피를 말아보는 것도
좋겠지요?

필요한 재료

사과 1개

설탕 3큰술

춘권피 8장

달걀흰자 약간

포도씨유 적당량

1
사과는 껍질을 벗기고 씨
를 없앤 다음 얇게 썰어
놓으세요.

2
냄비에 사과를 담고 설탕
을 넣어 약한 불에서 끓여
조려줍니다.

3
춘권피에 조린 사과를 얹
고 끝부분에 달걀흰자를
발라준 다음 둥글게 말아
주세요.

4
170℃의 튀김기름에 (3)을
넣어 노릇하게 튀겨냅니다.

tip

춘권피 모양내기
튀김을 하는 도중에 춘권피가 풀어져버리면 여간 난처한 일이 아
니랍니다. 춘권피에 조린 사과를 얹고 달걀흰자를 발라준 다음 둥
글게 말아야 모양이 고정되어서 좋답니다.

단호박 고구마 빠스

빠스는 흔히 고구마로 만듭니다. 하지만 단호박도 고
구마나 밤처럼 고소한 맛이 나기 때문에 아주 좋은 빠
스 재료가 된답니다. 달콤하면서도 고소한 빠스로 아
이의 입맛을 사로잡아 보세요.

필요한 재료

단호박 150g

고구마 1개

조청 엿 3큰술

튀김기름 적당량

1

단호박은 껍질을 소금으로 문질러 씻은 다음 흐르는 물에 깨끗이 씻어 물기를 뺀 뒤 작고 네모지게 자릅니다.

2

고구마도 껍질째 깨끗이 씻은 다음 작고 네모지게 잘라 물에 담갔다 건집니다.

3

160℃의 튀김기름에 단호박과 고구마를 넣고 저어가며 속이 익도록 튀겨냅니다.

4

냄비에 조청 엿을 넣고 튀긴 고구마와 단호박을 넣어 섞어줍니다.

tip

160℃에서 서서히 튀겨요

단호박과 고구마를 튀길 때는 튀김 기름의 온도를 160℃로 유지하며 서서히 튀겨야 속까지 고루 익는답니다. 센 불에서 빨리 튀겨내면 겉은 타고, 속은 익지 않으므로 주의하세요.

고구마 양갱

제과점이나 떡집에서 판매하는 양갱은 단맛이 너무 강
해서 아이들에게 먹이기 부담스럽습니다. 하지만 부드
럽고 달콤한 매력을 포기하긴 아깝지요. 엄마가 직접
시도해보는 건 어떨까요?

필요한 재료

고구마(중간 크기) 2개

실 한천 3g

조청 엿 2큰술

소금 약간

물 ½컵

1
실 한천은 미지근한 물을 넉넉히 부어 1시간 정도 불려둡니다.

2
고구마는 푹 삶은 다음 뜨거울 때 껍질을 벗겨 잘 으깬 뒤 조청 엿과 소금을 넣고 섞어주세요.

3
냄비에 물과 불린 한천을 넣고 약한 불에 올려 주걱으로 저어줍니다.

4
(2)의 고구마를 넣어 되직하게 졸이다 원하는 모양 틀에 붓고 냉장고에 넣어 완전히 굳힌 뒤 썰면 된답니다.

tip

실한천은 덩어리지지 않게

실한천은 미지근한 물에서 넉넉히 불려야 나중에 물과 함께 끓일 때 잘 풀어진답니다. 실한천을 녹이지 않고 바로 물과 함께 끓이면 덩어리가 져서 잘 풀어지지 않으니 주의하세요.

밤 우유 푸딩

밤은 성장기 아이들에게 아주 좋은 영양식품입니다. 맛
이나 씹는 느낌도 좋고, 향도 좋아서 아이들도 좋아하
죠. 우유를 듬뿍 넣어 만든 푸딩으로 아이의 건강까지
챙겨주세요.

필요한 재료

밤 3개

우유 1컵

달걀노른자 1개

1

밤은 잘게 썰어서 물을 붓
고 푹 무르게 삶아줍니다.

2

삶은 밤은 곱게 으깨서
준비해두세요.

3

으깬 밤에 우유와 달걀노
른자를 넣고 섞어준 다음
체에 걸러주세요.

4

푸딩 그릇에 (3)을 담고
김이 오른 찜통에 넣어 쪄
내면 완성입니다.

tip

부드러운 푸딩 만들기

으깬 밤과 우유, 달걀노른자를 섞어 고운 체에 걸러주어야 부드럽
고 맛있는 푸딩을 만들 수 있답니다.

과일 롤 샌드위치

롤 샌드위치는 손에 묻히지 않고 먹을 수 있어 야외에
서 특히 사랑받는 음식이랍니다. 아직 손놀림이 서툰
아이들에게도 쥐어주어도 좋고요. 아이가 좋아하는 신
선한 과일들을 준비해서 만들어보세요.

필요한 재료

식빵 3장

사과 ½개

골드키위 ½개

바나나 ½개

플레인 요구르트 2~3큰술

1

식빵은 가장자리를 자르고 준비해주세요.

2

사과는 껍질을 벗긴 뒤 가늘게 채 썰고, 골드키위와 바나나도 껍질을 벗기고 채 썹니다.

3

볼에 사과와 골드키위, 바나나를 담고 플레인 요구르트를 넣어 섞어주세요.

4

식빵에 (3)을 올려서 둥글게 말아 샌드위치를 완성합니다.

tip

샌드위치는 먹기 직전에

샌드위치를 미리 만들어두면 재료들에서 수분이 빠져나와 맛도, 모양도 좋지 않답니다. 만들기 전에 재료의 물기를 완전히 없애고, 먹기 직전에 바로 만드는 것이 좋답니다.

시금치 팬케이크

프라이팬에 구워내는 팬케이크는 부드럽고 달콤해서
아이들이 아주 좋아합니다. 오븐을 사용하지 않기 때문
에 다른 베이킹에 비해 만들기도 간단하죠. 아이들에게
좋은 시금치를 넣어서 만들어보세요.

필요한 재료

시금치 20g

밀가루(박력분) 60g

베이킹파우더 ½작은술

달걀 1개

우유 50ml

유기농 설탕 40g

버터 20g

포도씨유 적당량

1 시금치는 끓는 물에 소금을 넣고 데친 다음 찬물에 헹궈 물기를 제거하고 잘게 썰어주세요.

2 밀가루와 베이킹파우더, 설탕은 섞어서 체에 두세 번 내려서 준비합니다.

3 우유에 달걀을 넣고 거품기로 잘 섞어준 다음 체 친 가루를 넣어 섞어줍니다.

4 (3)에 다진 시금치를 넣고 섞어준 다음 팬에 포도씨유를 두르고 반죽을 부어 노릇하게 구워냅니다.

tip

기름은 살짝만 두르세요

팬케이크를 구울 때 팬에 기름을 너무 많이 두르면 안 됩니다. 팬케이크 표면에 예쁜 갈색이 나도록 구우려면 팬에 기름을 약간 두른 뒤 키친타월로 살짝 닦아내고 굽는 것이 좋답니다.

호두 초코 쿠키

쿠키는 일단 시도해보면 짧은 시간 안에 부쩍부쩍 실력
이 느는 음식이랍니다. 재료에 따라 레시피를 응용하기
도 쉽고요. 밖에서 사먹는 쿠키는 당분이 너무 많으니
엄마가 집에서 담백하게 만들어 먹이세요.

필요한 재료

박력분 300g

베이킹파우더 1작은술

버터 120g

설탕 90g

달걀 2개

호두 2큰술

초코칩 약간

1

박력분과 베이킹파우더는 체에 두세 번 내려서 준비합니다.

2

버터는 미리 실온에 내놓아 부드럽게 준비하고, 호두는 굵직하게 다져놓으세요.

3

부드러운 버터에 설탕을 넣고 충분히 거품을 낸 다음 달걀을 넣어 거품을 냅니다.

4

여기에 체에 내린 가루를 넣고 칼로 자르듯이 고루 섞어주세요.

5

(4)에 다진 호두와 초코칩을 넣어 재빨리 섞어줍니다.

6

유산지에 (5)의 쿠키 반죽을 둥글게 펴서 모양을 만들고 180℃ 오븐에 넣어 노릇하게 구워냅니다.

식빵 바나나 컵케이크

식빵으로 컵을 만들고 그 안에 과일을 담아 먹는 컵케
이크입니다. 안에 담긴 과일뿐만 아니라 컵까지 먹을
수 있어서 아이들이 무척 좋아한답니다. 아이의 식성에
따라 과일은 조금씩 바꿔주셔도 좋아요.

필요한 재료

식빵 3장

파인애플 슬라이스 1조각

바나나 1개

버터 ½큰술

플레인 요구르트 ½통

다진 호두 약간

1

식빵은 세로로 반을 잘라 밀대로 얇게 민 다음 식빵의 테두리 부분에 칼집을 몇 번 넣어주세요.

2

머핀 틀에 가볍게 기름칠을 한 뒤 식빵을 담고 컵 모양을 만든 뒤 180℃로 예열한 오븐에서 5~6분 정도 구워냅니다.

3

파인애플은 한입 크기로 썰고, 바나나도 둥글게 썰어 달구어진 프라이팬에 버터를 두르고 노릇하게 구워냅니다.

4

(2)의 식빵 컵에 구운 파인애플과 바나나를 보기 좋게 담고 플레인 요구르트를 조금 얹어준 다음 다진 호두를 뿌려서 완성합니다.

tip

식빵컵 모양 잡기

머핀 틀에 식빵을 담았을 때 컵 모양을 예쁘게 만들려면 꼭 식빵 테두리에 칼집을 넣어주세요. 안 그러면 모양 잡기가 너무 어렵답니다.

너트 우유 찐빵

찜통을 이용해서 만든 기본형의 찐빵입니다. 고소한 호
두를 다져서 위에 올리면 보기에도 좋고 맛이나 영양도
한결 좋아진답니다. 아이와 함께 만들어 먹으면 더욱
즐겁답니다.

필요한 재료

밀가루(박력분) 80g   버터 10g

베이킹파우더 1작은술   호두 10g

달걀 1개

황설탕 70g

우유 50ml

1

밀가루와 베이킹파우더는 섞어서 체에 두세 번 내려 주세요.

2

호두는 종이타월이나 유산지를 깔고 굵직하게 다져 놓습니다.

3

따뜻하게 데운 우유에 황설탕을 넣어 거품기로 젓다가 달걀을 넣어 섞고, 여기에 이중 중탕으로 데운 버터를 넣어 섞어주세요.

4

(3)에 체에 내린 가루를 넣어서 섞은 다음, 다진 호두를 넣어서 섞은 뒤 종이 틀에 담고 김이 오른 찜통에서 10~15분간 쪄내면 된답니다.

tip

종이 틀로 속까지 익혀요

너트 채소 찜빵은 김이 오른 찜통에 넣고 찌다가 겉이 익기 시작하면 종이 틀만 남기고 머핀 틀은 빼내는 것이 좋습니다. 철로 만든 머핀 틀은 열전도율이 낮아서 찜빵이 속까지 익지 않는 경우가 있거든요.

증 보 산 림 경 제

이 책의 근간이 된 〈증보산림경제(增補山林經濟)〉는 2003년 농촌진흥청에 발간한 '고농서 국역총서' 중 하나로, 1766년 (영조 42년)에 유중림(柳重臨 1705~1771)이 홍만선의 〈산림경제〉를 증보하여 편찬한 것을 한글로 번역한 것입니다.

유중림의 〈증보산림경제〉는 〈산림경제〉와 더불어 선조들의 농업기술과 민간의 풍속을 엿볼 수 있는 귀중한 자료로 평가받고 있습니다. 하지만 편찬 방식이나 내용의 구성 면에서 두 책은 현저한 차이를 보이고 있습니다. 가장 눈에 띄는 점은 〈증보산림경제〉가 원본인 〈산림경제〉의 두 배를 넘어설 만큼 방대하고 다양한 정보를 증보하고 있다는 것입니다. 증보 체제나 편찬 기준은 다소 혼란스러운 점이 있으나 분량 면에서는 괄목한 만한 성과를 이룬 것입니다.

또한 기존의 농서에서는 볼 수 없었던 새로운 작목이 추가되거나 기존 작물의 재배학적 풀이가 대폭 증보되어 있다는 점, 기존의 농서에 없는 증산기술이 상세히 수록되어 있다는 점 등이 이 책의 가치를 대변해주고 있습니다. 〈증보산림경제〉는 다른 농업기술서와 달리 우리 농업 현실에 맞는 정보와 자료만 간추려 수록하고 있다는 점에서 선조들이 우리나라 풍토에 맞는 농업기술서 편찬을 위해 노력했음을 알 수 있습니다.

이 책은 〈증보산림경제〉 권 6 치포, 권 8 치선(상), 권 9 치선(하)에 소개된 농작물 중 가정에서 재배할 수 있는 품종을 선정해 생육법을 소개하고, 해당 재료를 활용하여 만들 수 있는 이유식 레시피를 개발한 것입니다.

<h2>이 책의 내용을 감수해주신 분들</h2>

고농서 감수
김영진(농학박사) 한국농업사학회 명예회장

식물학
구자옥(농학박사) 한국농업사학회 회장

농업용어
부경생(농학박사) 서울대학교 명예교수

채소재배
정승룡(농학박사) 농촌진흥청 채소과장

요리 분야
전혜경(이학박사) 농촌진흥청 한식세계화사업단장

농업일반
이우근(교육학박사) 농촌진흥청 고객지원상담

밭작물
유용환(농학박사) 농촌진흥청 기술자문위원

한뼘텃밭 이유식

1판 1쇄 인쇄 2009년 8월 14일
1판 1쇄 발행 2009년 8월 20일

지은이   방영아
발행인   김난희
편집인   김갑수

기획   이길섭(농업과학도서관장)
구성   홍지연
어시스턴트 배정은 · 임민지
사진   김말주 · 정명균(튜브스튜디오)
디자인   안광욱 · 남상원(아르떼203)
출력   경운프린테크
종이   화인페이퍼(주)
인쇄 · 제본 한영문화사

펴낸곳   도어북
출판등록   2008년 4월 23일 제313-2009-170호
주소   121-841 서울시 마포구 서교동 385-15
전화   070-8166-5925 팩스 032-299-3844
ISBN   978-89-962997-0-7 13000

일원화 공급처 (주)북새통
주소   121-841 서울시 마포구 서교동 464-59 서강빌딩 6F
전화   02-338-0117 팩스 02-338-7160